メルコ学術振興財団研究叢書 8

An empirical study from
a Business Ecosystem Perspective

企業再生と管理会計

ビジネス・エコシステムから
みた経験的研究

吉川 晃史 [著]
Yoshikawa Kohji

中央経済社

は じ め に

「工場は汚くて散らかっており，経営管理はできていない。けれど，きらりと光る技術がある」。これは，日本電産の永守重信社長が買収の候補先としてあげるパターンの1つである。赤字で倒産の危機に瀕している企業であっても，買収後に日本電産流の経営管理が導入され，従業員の意識改革が行われることで，黒字化を果たし，2年目には最高益を計上する。これまでのように右肩上がりの成長を望めない日本経済における企業経営において，ますます経営者の役割，経営管理の重要性が高まってきている。別の言い方をすれば，企業経営がより難しくなってきているのである。

企業経営が難しくなるなかで，倒産件数は増加してくる。日本電産の事例から示唆されるのは，経営改善を進めることで，倒産を防止できる場合があるということである。経営改善が果たされるなかで，管理会計はどのように役立っているのか。これは大企業の再生だけでなく，中小企業の再生にもあてはまるのではないか。これを明らかにしたいというのが筆者の研究動機である。経営改善を図ることで中小企業が再生するのであるならば，企業再生に有用な治療法とはどういったものか。

代表的な管理会計の教科書によれば，エクセレント・カンパニーのすぐれた先端技法を導入すれば，企業経営はうまくいくと記載されている。1987年に刊行された『レレバンス・ロスト』以後には，活動基準原価計算やバランスト・スコアカードをはじめとする企業経営に役立つとされる管理会計技法が生み出された。これらの新しい管理会計技法は，確かに有能なスタッフを抱えている大企業であれば適合するのかもしれない。しかし，必ずしも十分なスタッフがいるとはいえない中小企業に最先端の管理会計技法を導入することで，企業の病気は治癒するのだろうか。スポーツでいえば，一般人がオリンピック選手向けのトレーニングプログラムをこなして，その能力を十分に高められるのであ

ろうか。

　では，丼勘定の企業に基本的な管理会計を導入するというように，平均点以下のレベルを平均点にもっていくことに着目することには，研究上の意義，実務上の意義はどこにあるのか。出納の記帳業務程度しか行われていない中小企業では，管理会計実務は行われていないと言われるかもしれない。金融機関単独でみれば，中小企業への融資活動は意思決定会計の一種なのかもしれない。あるいは，会計専門家が提供するのは，単なる会計サービスにすぎないかもしれない。個々をそれぞれ単独にみれば，部分的な機能を捉えるにすぎない。しかし，それら全体を１つのネットワークとして考えると，その見え方は異なるものになる。企業再生でいえば，金融機関は単に金融サービスを提供するだけでなく，その先にある経営現場に関与するし，会計専門家は計画策定機能の一端を担っている。それらを含めて中小企業の管理会計実践とみることができよう。この実践を捉えるための１つの見方が，ビジネス・エコシステムである。そこで，組織間ネットワークの相互作用における管理会計の役割について検討するというのが研究上の意義の１つである。

　合理的な計画を策定して，それを効率的に実行すればよい。これは一見簡単なように見えるかもしれないが，実践上はなかなか難しいことである。なぜなら，その主たる担い手は，十分な経営資源を持たない中小企業だからである。また，金融機関は，限定された情報から再生企業の可能性について目利きをしなければならない。経済学者アルフレッド・マーシャルの言葉「冷静な頭脳と温かい心（Cool Head, but Warm Heart）」は，企業再生においてもあてはまる。策定される再生計画は合理的でなければならないが，合理的なプロセスで策定され，実行されるわけではない。それは試行錯誤のもとでの人と人の相互作用であり，時には情熱や思い，感情が計画の策定，実行や再生企業の目利きに影響することもある。平均点以下のものを，まずは平均点に持ってくるのかを描写して，規範的な研究と経験的な研究の関係を検討するのがもう１つの研究上の意義である。

　本書はまた，企業再生という慎重なデータの取扱いが必要で，なかなか現場

の状況が明らかにされにくい領域に対して，実際の現場に立ち会い，生の会話を取り上げてリアリティのある描写を心がけた。本書は企業再生などの企業改善に携わる金融マンや，会計専門家をはじめとする実務家も読者として想定している。そのような読者には，まず第1章を読んで全体像の概観を理解していただき，第4章から第7章の事例を先に一読されたい。

　本書は，博士学位論文の一部をもとにその後の検討を加えたものである。いまだ中間報告の域を出るものではなく，すべての誤謬等については筆者の責任である。厳しくご指導ご鞭撻を得てよりよいものにしていく所存である。

　本書を上梓するにあたって，実に多くの方々のお力添えを賜った。この場を借りて，お礼の言葉を述べさせていただきたい。

　まず，学部・大学院の指導教官であり，筆者を学問の道へと導いて下さった恩師・上總康行先生（京都大学名誉教授）から賜った学恩に感謝申しあげたい。学部時代ではメルコの企業調査をはじめ，インタビュー調査の面白みを実体験させていただいた。大学院を目指すと決めてからは，金曜日の研究会の後に朝まで研究者の道としてのあるべき姿についてご指導いただいた。そこで，懐疑心を抱くことの重要性をご教示いただき，自由な発想ができる環境を与えていただいた。また，公認会計士の二次試験の合格後に，一定期間の実務経験を積むための監査法人勤務もご快諾いただいた。研究を本格的に始めてからは，なかなか成果の上がらぬ弟子に対して，鋭く叱咤激励をしていただいた。上總先生が京都大学をご退官されても，ことあるごとにご指導をいただいた。福井県立大学にご在籍されていたときには先生の家に泊まり込み，先生の研究室で論文執筆を進め，論文の書き方のイロハを教わった。通称「山の学校」と呼ばれる，弟子にとって恐怖の「夏の平湯合宿」では，学会報告直前にもかかわらず，報告準備が進んでいなかったため，2日間で合計4回の発表機会をいただいた。その結果，本書の核となる部分をつくることができた。甚だ手のかかる出来の悪い弟子であるが，先生には今後も厳しく暖かいご指導を賜りたく願っている。

　また，上總先生とともに今日に至るまでご指導いただいている恩師・澤邉紀

生先生（京都大学教授）には，フィールドスタディをはじめとして貴重なお時間を多大に割いて博士論文指導をしていただいた。（情報秘匿の都合上，社名は明かせないが）X銀行の調査チームに入れていただき，その後の調査について何度も先生にお願いに上がっていただき，お手数をおかけした。参与観察に入る直前の2009年の8月16日の大文字焼きの日には，フィールドスタディの勉強会を開いていただいて，どのように調査を進めるのかについて手ほどきしていただいた。参与観察期間中の先生との約束は，日々のフィールドノートを先生に送付することであった。20ページを超える分量でも，先生は日々フィールドノートに目を通してコメントしていただき，調査の改善点や，追加の調査事項についてご指示していただいた。その後，論文として仕上げていくにあたり，筆者の自由な発想を寛大に受け止めていただき，既存研究との関連づけにたどりつくまで，時間をかけてお付き合いいただいた。自己の力不足に起因して，査読コメントでは「これは管理会計の研究ではないのではないか，銀行論等の他の分野に投稿したほうがよいのではないか」と指摘され，何度も途中で研究を挫折しそうになったが，今日までこのテーマで研究を続けてこられたのは，「参与観察データを持っていることが強みで，論理立てさえきっちりとすればこれも管理会計研究になる」という先生からの励ましのお言葉があったからこそである。

　また，世界の管理会計研究をリードする研究者からの直接の指導を受ける機会を得たのも研究の進展を図る上で大きかった。Chris Chapman先生（Imperial College），Wai Fong Chua先生（University of New South Wales），Deryl Northcott先生（Auckland University of Technology）からは，プレゼンテーションとディスカッションを含めて1時間以上にわたってご指導いただき，さまざまな示唆を得た。Honorary researcherとしてUniversity of Aucklandへの留学中にはChris Acroyd先生（Oregon State University），Stephen Jollands先生（University of Exeter），David Lau先生に公私にわたってお世話になり，海外の研究動向の理解を深めることができた。海外の学会では，John Roberts先生（University of Sydney）をはじめ，さまざまな先生から貴重なコメント

を頂戴した。

　そして，本研究を行うにあたっては，企業再生の現場に立ち会う機会がなければ，その詳細を明らかにすることは決してできなかった。その機会を与えていただいたＸ銀行の方々には格別のご理解とご協力を賜った。また，実際の再生現場における企業のインタビューに応じていただいた方々には，多忙の中で本調査にご協力に応じていただいた。ここに深甚の謝意を表する次第である。

　第３章第１節の内容は，2011年の４月４日から８日に開催されたKari Lukka先生（University of Turku），David Cooper先生（University of Alberta），Jan Mouritsen先生（Copenhagen Business School），Sven Modell先生（Manchester Business School）によるEDEN博士課程向けセミナー「管理会計における事例研究」に参加して習得した部分から多くの示唆を得て，記述している。

　筆者は，2011年４月より，熊本学園大学に奉職している。前研究科長である藤田昌也先生には，筆者を弟子のように気にとめていただき，研究者としての方向性についてご教示いただき，研究に集中できる環境をご用意いただいた。工藤栄一郎先生，飛田努先生（現福岡大学）からは熊本での生活の仕方をはじめ，研究の進め方についてご示唆をいただいた。研究科長である末永英男先生にはご多忙のなかで，出版助成申請にご助力を賜った。会計専門職研究科の佐藤信彦先生，成宮哲也先生には日頃より教育面をはじめ公私にわたってご指導いただいている。また，企業再生実務の基本からご教示いただいた吉永茂先生（2013年３月退職），公会計を通じて会計の本質についてご教示いただいている中元文徳先生をはじめ，会計専門職研究科の篠原淳先生，安藤圭悟先生，植田正敬先生，中井雄一郎先生，岩武一郎先生，原田梨絵先生にも謝意を記したい。

　京都大学大学院経済学研究科の藤井秀樹先生，徳賀芳弘先生にも，学部生の時より温かいご指導・ご鞭撻を賜っている。心より感謝申しあげたい。京都大学大学院上總・澤邉ゼミの先輩・後輩・同期からも，日々のいろいろな議論をはじめ，多大な励ましと刺激をいただいた。木下和久氏（福井県立大学），堀井悟志氏（立命館大学），松田康弘氏（東北大学），潮清孝氏（中京大学），足

立洋氏（九州産業大学），衣笠陽子氏（滋賀大学），篠原巨司馬氏（福岡大学），浅田拓史氏（大阪経済大学），井上秀一氏（京都大学大学院），市原勇一氏（京都大学大学院），吉原清嗣氏（京都大学大学院）の諸氏に心より感謝したい。

　本書の上梓にあたり，メルコ学術振興財団より2014年度出版助成金の交付を受けている（メルコ学術振興財団出版助成2014001号）。また，本研究は，2009年度メルコ学術振興財団中期海外派遣助成，2011年度メルコ学術振興財団研究助成（2011008号）による研究成果の一部である。本書の出版に至るまでメルコ学術振興財団の研究助成により，ご支援いただいた。今後は本研究を海外に発信して微力ながら財団に恩返しできるように尽力したい。

　なお，大学院修了生の深迫裕君，卒業生の深川裕季君，学部ゼミ生の高野大作君には校正等の助力を得た。記して謝意を表すとともに諸氏のこれからのご活躍を祈っている。

　本書の出版をお引き受けいただいた株式会社中央経済社・代表取締役会長の山本継氏，専務の小坂井和重氏，校正・出版に至るまで何もわからぬ筆者にご配慮，ご尽力いただいた長田烈氏にも心より感謝の意を表したい。

　最後に，私事で恐縮であるが，筆者のこれまでの学究生活を全面的に支援し続けてくれた父・昭一，母・真紀子に，感謝とともに本書を捧げることを許されたい。

2015年1月

吉 川 　晃 史

目　次

第1章　問題提起と本書の構成 ── 1

1.1. はじめに／2
1.2. 企業再生と管理会計の重要性／3
　(1) 日本経済における企業再生への注目／3
　(2) 企業再生における「管理会計」導入割合の高さ／9
1.3. 企業再生に関する管理会計研究／21
1.4. 研究方法および研究課題／25
1.5. 本書の構成／27

第2章　ビジネス・エコシステムからみた企業再生におけるMCS ── 33

2.1. はじめに／34
2.2. MCSの基本的な役割／35
　(1) 管理会計研究における企業再生の位置づけ／35
　(2) MCSの基本的な役割：戦略内容アプローチと戦略プロセスアプローチ／37
　(3) 組織の成長・衰退とMCSの内容に着目する研究／39
　(4) 組織の成長・衰退とMCSの適用プロセスに着目する研究／45
　(5) 組織の成長・衰退に対するMCSの適用に対する2つのアプローチの比較／48
2.3. ビジネス・エコシステムからの視座／50
　(1) 組織間管理会計研究の動向／50
　(2) ビジネス・エコシステムの概要／52

　　　　　（3）ビジネス・エコシステムと管理会計研究／55
　　2.4. 企業再生における鍵概念の整理／57
　　　　　（1）組織間の信頼構築／57
　　　　　（2）経営者の意識改革／61
　　　　　（3）組織間コラボレーションによる計画策定／64
　　　　　（4）組織間関係と管理会計技法／67
　　2.5. 本研究の貢献すべき研究領域と研究課題／70

第3章　エスノグラフィックな定性的研究 ───── 73

　　3.1. はじめに／74
　　3.2. 定性的研究の特徴／74
　　　　　（1）解釈主義に基づく事例研究／74
　　　　　（2）エスノグラフィー／76
　　　　　（3）データの解釈と仮説的推論／78
　　　　　（4）事例研究の課題と妥当化問題／78
　　3.3. 調査概要／81

第4章　再生計画の策定を通じた信頼関係の再構築 ───── 85

　　4.1. はじめに／86
　　4.2. X銀行による企業再生プロセス／88
　　　　　（1）再生開始の決定／89
　　　　　（2）再生計画の策定と実行／89
　　4.3. 経営者との面談と信頼の再構築／91
　　　　　（1）経営者の資質と信頼の喪失／91
　　　　　（2）キャッシュ・フローの生成可能性と潜在的な能力に対する信頼の構築／96

(3) 正直な会計報告と約束遵守の信頼の構築／100
　　　(4) 再生計画策定支援の開始と善意による信頼の構築／103
　　　(5) 継続的なモニタリング活動を通じた
　　　　　顕在的な能力に対する信頼の構築／106
　4.4. 小　　括／108

第5章　再生計画の策定における経営者意識の確認と誘導 ―― 113

　5.1. はじめに／114
　5.2. 現実的な将来願望への誘導／116
　5.3. 高い実行意欲の喚起／123
　5.4. 経営者意識（将来願望と実行意欲）の最終確認／127
　5.5. 小　　括／133

第6章　金融機関と会計専門家のコラボレーションによる戦略計画の修正 ―― 137

　6.1. はじめに／138
　6.2. 金融機関の会計専門家に対する期待と
　　　会計専門家の役割認識／139
　　　(1) 金融機関による会計専門家への期待／139
　　　(2) 会計専門家の役割認識／141
　6.3. 金融機関・会計専門家によるコンサルティング機能を
　　　通じた再生計画の修正／145
　　　(1) 再生案件になるまでの経緯／146
　　　(2) 第1次再生計画に対する実行可能性の判断／147
　　　(3) 実地検証と浮かび上がる問題点／149
　　　(4) 第2次計画の概要／151

　　　　　(5) 継続的なモニタリングと再生の完了／153
　　6.4. 小　　　括／156

第7章　企業再生における
セグメント別損益計算の利用 ──── 159

　　7.1. はじめに／160
　　7.2. F社の再生計画の策定プロセス／161
　　　　　(1) F社の概要／161
　　　　　(2) 窮境要因の分析／162
　　　　　(3) 戦略の転換：卸売販売中心から製造販売中心へ／163
　　　　　(4) 経営管理のための情報入手と分析／164
　　　　　(5) 早期の黒字化と一部返済／165
　　　　　(6) 金融機関の再生支援部門の関与と
　　　　　　　セグメント別損益の把握／167
　　7.3. 再生計画の合理性の判定と再生計画策定完了の
　　　　最終確認／169
　　7.4. 小　　　括／175
　　　　　(1) F社における再生計画の策定プロセスの要約／175
　　　　　(2) セグメント別損益計算の役割／176

第8章　企業再生における管理会計による
組織変化への働きかけ ──── 179

　　8.1. はじめに／180
　　8.2. 信頼の再構築としての企業再生／182
　　8.3. 再生計画の策定を通じた経営者の意識改革／185
　　8.4. 計画策定支援能力の相互補完性と
　　　　計画策定主体としての経営者／188

8.5.　セグメント別損益計算の策定と経営者による学習／191
　　8.6.　本研究の貢献と今後の課題／193

【Appendix】参与観察記録（金融機関と企業のミーティング）／197

参考文献／199
索　　引／209

第1章

問題提起と本書の構成

1.1. はじめに

　日本経済では，高度経済成長を経て低成長が続き，今後の大きな経済成長が見込まれない状況が続いている。このような環境では，健全な競争条件のもと企業再生を実施することにより倒産件数を減少させ，中小企業がいかに自力で存続していくのかについて注目されるようになっている。

　企業再生の実施においては企業再生計画の策定が中心となるが，中小企業再生支援協議会による調査により，再生企業の半数以上に管理会計技法が導入されていることが明らかとなった。しかし，いかなる管理会計がどのように利用されているのか，企業再生プロセスにおける管理会計の役立ちのメカニズムについて明らかにされていない。

　そこで，本書ではX銀行を中心とする中小企業の再生現場に焦点を当てて，エスノグラフィックな定性的研究により，企業再生を信頼の再構築プロセスとして捉えることを目指す。そして，企業再生プロセスにおける管理会計の役割を，金融機関をキー・ストーンとするビジネス・エコシステムの観点から検討する。

　本章では，第2節において，まず日本経済で近年企業再生が注目されるようになり，制度的な対応が図られてきたことを説明し，次に企業再生において管理会計が重視されていることについて中小企業再生支援協議会の調査データをもとに整理する。第3節では，企業再生という組織の危機における管理会計の役割を主題とする，本書の背景にある当該研究領域に対する関心の高まりについて述べる。第4節では，この研究関心の高まりに対してどのような方法で取り組むかについて述べ，本書において取り組むべき研究課題を明らかにする。第5節では，本書の構成を述べる。

1.2. 企業再生と管理会計の重要性

(1) 日本経済における企業再生への注目

　日本経済は，高度経済成長を経て，バブル経済の崩壊後，失われた20年という低成長の期間を経験し，さらには，リーマン・ショックに端を発する世界的な経済ショックの影響を受けた。低成長下の経済状況において，企業の倒産実績率はどのように推移してきたか[1]。図表1－1は企業の倒産実績率と短観の業況判断DIの動きを比べたものである。

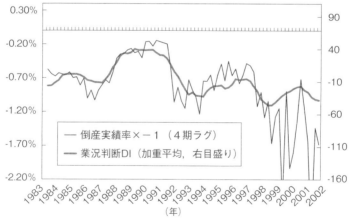

図表1－1　企業の倒産実績率と業況判断DIの関係

＊倒産実績率は，東京商工リサーチが公表している業種別倒産負債総額を，法人統計で得られる当該業種の負債総額で除し，これを各業種の倒産実績率とした上で，これら業種向け銀行貸出のウェイトに基づき加重平均して算出した。

出所：大山，2002, 8

図表1−1によると，1980年代初頭以降，長期間にわたり，倒産実績率と業況判断DIは非常に似た動きを示してきたが，1997〜98年以降から急に乖離し始めたことがわかる（大山, 2002, 3−5）。つまり，1990年代以降では，倒産実績率が，従来の景気動向で説明できた水準以上に高まっていることを意味する。この背景には，後述するように自己査定の導入等を契機に，銀行による企業の信用リスクをみる目が厳しくなったことに加え，企業業績自体が好不調に二分化したことがある。不動産担保や株式の持合いをうまく利用して，低くて安定的な貸出利鞘を実現し，結果的に経済成長を後押ししてきた従来のリレーションシップ・バンキングモデルでは長引く不況に対応できなくなった[2]。

また，開業率よりも廃業率が高まる状況が続くなかで（亀澤, 2008），日本経済における今後の予想経済成長率は，図表1−2が示すように，平成25年，平成26年の実質成長率が，それぞれ2.8％，1.0％と低成長率しか見込まれていない。そのため，いかにして開業率を高め，廃業率，倒産率を低くおさえるかが

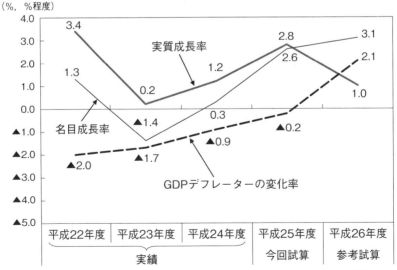

図表1−2　予想経済成長率の推移

出所：内閣府発表の「平成25年度の経済動向について（内閣府年央試算）」

課題となっている。

　そこで，企業連携の支援事業を強化することによる創業支援を行うこと，また企業再生部門を強化することによる企業価値の向上や，経営悪化への早期対応を図るための返済条件の変更といった細やかな対応が金融機関に求められている。

　法的整理に関する法制度は，バブル経済崩壊後，長期にわたる不況からの脱却を目指すなかで整備されてきた。2000年4月に「会社更生法」，「民事再生法」が施行され，旧経営陣が残りつつ，企業再生を行うDIPファイナンス（debtor in possession）の仕組みが整備され，企業再生に関する法的整理の制度が整った。

　私的整理については，金融機関の不良債権処理問題を通じた経済再生を目指す金融再生プログラムの一貫として行われてきた。大企業向けには，2003年に産業再生機構が設立された。これにより，有用な経営資源がありながら過大な債務を負っている事業者に対し，事業再生を支援するため，債権買取り，資金の貸付け，債務保証，出資などの業務を産業再生機構が行った。

　また，中小企業向けの再生については，1999年に設立された整理回収機構を通じて債権回収や企業再生が行われるようになり，2001年には「私的整理に関するガイドライン」が制定された。そして，2003年には中小企業再生支援協議会を通じた企業再生の制度の整備や，「金融検査マニュアル」の緩和等が行われてきた[3]。

　2008年に発生したリーマン・ショック以降の世界的同時不況に伴い，2009年3月期以降の日本企業の業績は悪化した。たとえば日本航空㈱は，債務超過，経営不振を理由に会社更生法の手続を行い，企業再生支援機構の支援を受けて，企業再生を行うなど，新聞紙上を賑わした。その後，2013年4月に企業再生支援機構は，地域経済活性化支援機構として改組された。

　中小企業向けには，2009年に「中小企業金融円滑化法」が施行された。これにより，中小企業の借り手が金融機関に返済負担の軽減を申し入れた際に，金融機関ができる限り貸付条件の変更等に応じることが求められ，企業を救済す

る仕組みが整えられてきた。その後,「中小企業金融円滑化法」が2013年3月末に期限の満了を迎えるにあたり,貸付条件の変更等を行った中小企業は後述するような,将来計画を策定しなければならない状況に至っている。

また,2012年8月の「中小企業経営力強化支援法」の施行だけでなく,中小企業に対して専門性の高い支援事業を行う経営革新等支援機関を認定する制度が創設され,会計専門家による中小企業への計画策定支援に対する期待が高まっている。

東京商工リサーチ（2013）の調査によれば,2012年度の倒産件数の傾向をみると,中小企業金融円滑化法やセーフティネット保証（5号）などの資金繰り支援効果を受けて,全国企業倒産件数（負債額1,000万円以上）は, 1万1,719件,負債総額は3兆757億1,000万円であり,倒産件数は4年連続で減少している。

他方で,「中小企業金融円滑化法」に基づく貸付条件変更利用後の倒産は,年度累計で303件となり,前年度（174件）の1.7倍となった。特に,2013年3月は東京商工リサーチ調査開始以来で最多となる38件の倒産が発生し,年度後半にかけて増勢が目立った。これは貸付条件の変更を受けても業績回復が伴わず,資金繰りに窮する中小企業が多いことを浮き彫りにしたものと推測される。

債権者の立場からみれば,回収の危険性または価値の毀損の危険性が高いものが不良債権であり,「金融検査マニュアル」では回収の危険性または価値の毀損の危険性の程度に応じて,債務者を区分する。債務者区分とは債務者の財務状況,資金繰り,収益力等により,返済能力を判定して,その状況等に応じて債務者を「正常先」,「要注意先」,「要管理先」,「破綻懸念先」,「実質破綻先」および「破綻先」に区分することを意味し,それぞれの区分は,**図表1－3**のように定義されている。いわゆる不良債権といえば,「要管理先」,「破綻懸念先」,「実質破綻先」および「破綻先」を指す。

金融庁が定める「監督指針」では,借り手を支援する目的で,借り手に有利となるような貸出条件の変更をした場合,その債権は原則として貸出条件緩和債権となり,「銀行法」および「金融再生法」上の不良債権に分類される。し

かし,「監督指針」はその例外として,要管理先については再生計画として「実現可能性の高い抜本的な経営再建計画」(以下では,実抜計画という) が策定されていれば,条件変更が行われた場合でも,貸出条件緩和債権に該当しないとする旨を規定している[4]。また,破綻懸念先であっても,「合理的かつ実現可能性の高い経営改善計画」(以下では,合実計画という) が策定されていれば,実抜計画があるものとみなされる[5]。

　実抜計画および合実計画は,将来の会計計画と事業計画からなる戦略計画にほかならない[6]。これら経営改善計画は,後述するように時間がかけられて策定され,ときには第三者の機関も関与して数値基準によって判断されるように,達成可能性の高いものであることが要求されている。したがって,再生計画が承認されない場合には,企業の存続は困難となるため,制度上は存続困難な企業までが保護されるわけではない。

　企業再生計画が実抜計画や合実計画として承認されれば,金融機関は不良債権の例外とすることができ,不良債権の場合に計上される貸倒引当金を設定しなくて済む。その結果,再生計画の策定を完了した企業への融資が継続されることとなり,企業の倒産は回避される。

　本項では,景気動向と倒産実績率の関係,法的再生と私的再生の整備について述べ,大きな経済成長が見込まれない今後の日本経済における企業再生への注目を述べた。各種の法制度の整備が行われるなかで,健全な競争条件のもとで企業再生を実施することにより倒産件数を減少させ,中小企業をいかに存続させていくのかということが喫緊の課題となっている。

図表1-3　債務者区分

正常先	業況が良好であり，かつ，財務内容にも特段の問題がないと認められる債務者。
要注意先	金利減免・棚上げを行っているなど貸出条件に問題のある債務者，元本返済もしくは利息支払が事実上延滞しているなど履行状況に問題がある債務者のほか，業況が低調ないしは不安定な債務者または財務内容に問題がある債務者など今後の管理に注意を要する債務者。
要管理先	要管理債権とは要注意先に対する債権のうち3カ月以上延滞債権および貸出条件緩和債権をいう。 (1)　3カ月以上延滞債権：元金または利息の支払いが，約定支払日の翌日を決算日として3カ月以上延滞している貸出債権 (2)　貸出条件緩和債権：経済的困難に陥った債務者の債権または支援を図り，債務者に有利な一定の譲歩を与える約定条件の改訂等を行った貸出債権
破綻懸念先	現状，経営破綻の状況にないが，経営難の状態にあり，経営改善計画等の進捗状況が芳しくなく，今後，経営破綻に陥る可能性が大きいと認められる債務者（金融機関等の支援継続中の債務者を含む）。具体的には，現状，事業を継続しているが，実質債務超過の状態に陥っており，業況が著しく低調で貸出金が延滞状態にあるなど元本および利息の最終の回収について重大な懸念があり，したがって損失の可能性が高い状況で，今後，経営破綻に陥る可能性が大きいと認められる債務者。
実質破綻先	法的・形式的な経営破綻の事実は発生していないものの，深刻な経営難の状態にあり，再建の見通しがない状況にあると認められるなど実質的に経営破綻に陥っている債務者。具体的には，事業を形式的には継続しているが，財務内容において多額の不良債権を内包し，あるいは債務者の返済能力に比して明らかに過大な借入金が残存し，実質的に大幅な債務超過の状態に相当期間陥っており，事業好転の見通しがない状況，天災，事故，経済情勢の急変により多大な損失を被り（あるいは，これに類する事由が生じており），再建の見通しがない状況で，元金または利息について実質的に長期延滞している債務者。
破綻先	法的・形式的な経営破綻の事実が発生している債務者をいい，たとえば，債務，清算，会社整理，会社更生，和議，手形交換所の取引停止処分等の事由により経営破綻に陥っている債務者。

出所：金融検査マニュアル，自己査定（別表1）より筆者作成

(2) 企業再生における「管理会計」導入割合の高さ

　企業再生においては，実抜計画ないし合実計画といった再生計画の策定と実行がプロセスの中心になる（伊藤, 2009）。再建目的型の私的整理を行う中小企業再生支援協議会を利用する場合，公認会計士や中小企業診断士といった専門家によるチームが組まれ，財務デュー・ディリジェンスや事業デュー・ディリジェンスを通じて再生計画の策定支援が行われる[7]。

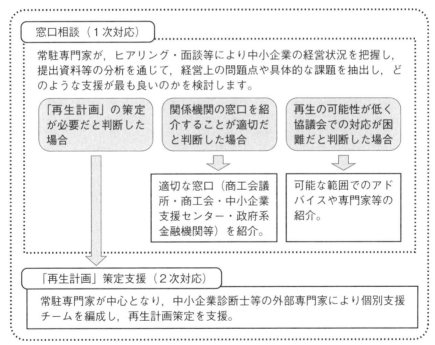

図表1-4　中小企業再生支援協議会の支援スキーム

出所：中小企業庁金融課発表の「中小企業再生支援協議会の活動状況について」

　中小企業再生支援協議会は，2003年2月に「産業活力再生特別措置法」41条に基づき，中小企業の再生を支援するために各都道府県に組織されたものであ

る。商工会議所や県の財団法人等の認定機関を受託機関として，企業再生に関する知識と経験をもつ専門家（公認会計士，税理士，弁護士，中小企業診断士等）が常駐し，再生に係る相談をはじめとした支援を行う。具体的なスキームは図表1－4に示すように，2段階の対応となっている。まず，個別企業の状況を把握して，どのような支援が適当かについて相談する窓口相談（1次対応）がある。そして，再生計画の策定が必要であると判断される場合に，専門家による支援チームを派遣して，再生計画の策定支援が行われる（2次対応）。

中小企業再生支援協議会は発足以降，2013年度第1四半期までに28,541社からの相談に応じ，5,011社の再生計画の策定支援を完了している。なお，2013年3月末で「中小企業金融円滑化法」の期限が到来したことにより，2012年度の第4四半期には，再生計画の策定完了件数が一時的に増加した。同法の期限到来後も，再生計画の策定支援が継続されている。

企業再生計画の承認は，金融機関・スポンサーによる支援決定によって実現される。「私的整理に関するガイドライン」によれば，私的整理の対象となるのは次の場合である。

- 過剰債務があり，経営困難な状況に陥っている。
- 事業価値がプラス（重要な事業部門で利益が上がっている）である。
- 法的再生を行った場合，事業価値の毀損が大きい。
- 経済合理性が確保（清算，会社更生法・民事再生法よりも回収が得られる見込）される。

再生支援決定の判断基準は，「私的整理に関するガイドライン」，「中小企業再生支援協議会　事業実施基本要領」，「金融検査マニュアル別冊［中小企業融資編］」等で設定されており，実質的な債務超過の解消，経常利益の計上，債務償還年数，継続価値が実質純資産価値を上回っているかどうかという点から判断される[8]。また，中小企業においては，経営者の個人資産も考慮される。

企業再生は，バブル期における投資に失敗して過剰債務を負うバブル型破綻

の企業再生と，販売不振や経営力不足により本業不振に陥る不況型破綻の企業再生の2つに類型される（越, 2003）。一般にバブル型破綻の企業再生では，バブル経済期における過剰投資が原因で債務過多になっているが，本業では営業利益が出ている場合が多く，このような場合には金融支援を行うことで企業再生が可能と考えられており，過剰債務の整理を行う外科手術が中心となる。外科手術というのは，端的には貸借対照表をスリムにするということであり，過剰債務の整理を行うことで，破綻企業は再生する。

これに対して，不況型破綻の企業再生では，販売力の強化，原価削減，リーダーシップの醸成，組織問題の解決といった経営そのものの強化を行う内科治療が重要になってくる。内科治療というのは，経営者をはじめ組織成員の意識改革を行い，事業活動そのものを変えていくことになるため，破綻企業の組織内部に影響を及ぼす。それは外科手術のように一時的に完了するわけではなく，企業の体質改善を行っていくため相対的に時間がかかる。特に，リーマン・ショック以降では，時間をかけて内科治療に取り組む不況型の企業再生が増加してきた。

中小企業再生支援協議会の2次対応開始の決定から完了に至るまでには平均で6カ月程度の期間をかけて，財務や事業のデュー・ディリジェンス，それに続く計画策定が行われる。また，同時に企業の体質改善も進められる。再生計画の策定後もモニタリングが実施されるように，結果的に長期にわたって中小企業再生支援協議会が関与していくことになる。

> 協議会案件はその大半がオーナー型の中小企業であり，再生にあたっては経営者の意識改革が必要で，その期間中は事業の見直しも含めて十分な手間と時間をかけている。さらには完了後も一定期間はメイン金融機関とともにモニタリングを実施することとしている。その成果もあってか，全体の完了案件のうち，破たん等に至った比率は6％台と低い。債権放棄を含む抜本策をとった完了案件に至っては同1％台に留まっている（野田, 2010, 39）。

企業全体の倒産発生率が0.4％であることと比較すると（帝国データバンク, 2010），再生後の破綻等の比率は高く，すべての企業が再生を果たしているわけではない。しかし，民事再生が認可された企業（終結と認可後廃止の合計）3,944社のうち，「認可後廃止」，「休廃業」，「解散」，「再倒産」を合計すると766社と全体の約20％を占めており（帝国データバンク, 2010），それと比較すれば，中小企業再生支援協議会の完了案件の破綻等の比率は低く，よりよい成果を上げているといえる。

図表1－5は，中小企業再生支援協議会の取扱件数と再生計画策定完了件数の推移を示し，**図表1－6**は，それらの累計をグラフにしたものである。中小企業再生支援協議会の完了案件にみられる図表1－5における注目すべき点は，管理会計技法の導入件数が2013年6月までの完了案件5,011件のうち，2,702件（53.9％）と過半数を占める割合となっていることである。このように，再生企業の半数以上で管理会計技法が導入されていることには何らかの意味があると考えられる。

管理会計手法の導入の具体的な内容は，中小企業庁金融課発表の「中小企業再生支援協議会の活動状況について」によれば，「製品別・取引先別等管理会計の手法導入による選択と集中」とされている。しかし，それだけではその詳細が不明なため，中小企業庁の担当者と，中小企業再生支援協議会の本部のプロジェクトマネージャーにその内容を確かめた。導入した管理会計技法の内容について中小企業庁の担当者より，次の回答を得た。

> 業種によって変わるが，なんらかの分類別の収益計算を行い，不採算部門の撤退を行うなどの選択と集中を行うことである。部門別，製品別，相手先別といった分類があり，建設業の場合は工事別，運輸業では路線別といった計算が行われている。また，管理会計技法自体は幅広い概念であるので，予算管理といったものが導入されても管理会計の導入になる[9]。

また，中小企業再生支援協議会の本部のプロジェクトマネージャーによれば，「管理会計技法について明確な定義はないが，企業再生プロセス[10]で不可欠なもの」（2010年6月4日，聞き取り調査による）と理解されている[11]。このことから，管理会計が破綻企業において適切に利用されていない結果，経営破綻に陥っている可能性が考えられる。

図表1-5　中小企業再生支援協議会の取扱件数と再生計画策定完了件数

		相談取扱企業数		再生計画策定完了件数		管理会計技法導入			
		期間内	累計	期間内	累計	期間内	導入割合	累計	導入割合
2003年	以前累計	2,506	2,506	45	45				
2003年度	第4四半期	889	3,395	56	101				
2004年度	第1四半期	899	4,294	74	175				
	第2四半期	533	4,827	59	234				
	第3四半期	479	5,306	77	311				
	第4四半期	755	6,061	145	456				
2005年度	第1四半期	870	6,931	128	584				
	第2四半期	935	7,866	127	711				
	第3四半期	472	8,338	85	796	44	51.8%	428	53.8%
	第4四半期	521	8,859	98	894	58	59.2%	486	54.4%
2006年度	第1四半期	700	9,559	133	1,027	78	58.6%	564	54.9%
	第2四半期	610	10,169	111	1,138	49	44.1%	613	53.9%
	第3四半期	626	10,795	110	1,248	43	39.1%	656	52.6%
	第4四半期	648	11,443	131	1,379	55	42.0%	711	51.6%

年度	四半期								
2007年度	第1四半期	696	12,139	113	1,492	55	48.7%	711	47.7%
	第2四半期	716	12,855	74	1,566	32	43.2%	796	50.8%
	第3四半期	624	13,479	84	1,650	41	48.8%	837	50.7%
	第4四半期	695	14,174	123	1,773	43	35.0%	880	49.6%
2008年度	第1四半期	768	14,942	55	1,828	26	47.3%	906	49.6%
	第2四半期	799	15,741	78	1,906	40	51.3%	946	49.6%
	第3四半期	785	16,526	65	1,971	31	47.7%	977	49.6%
	第4四半期	812	17,338	134	2,105	77	57.5%	1,054	50.1%
2009年度	第1四半期	779	18,117	96	2,201	51	53.1%	1,105	50.2%
	第2四半期	728	18,845	101	2,302	65	64.4%	1,170	50.8%
	第3四半期	727	19,572	120	2,422	72	60.0%	1,242	51.3%
	第4四半期	639	20,211	159	2,581	97	61.0%	1,339	51.9%
2010年度	第1四半期	522	20,733	101	2,682	64	63.4%	1,403	52.3%
	第2四半期	516	21,249	86	2,768	51	59.3%	1,454	52.5%
	第3四半期	445	21,694	83	2,851	43	51.8%	1,497	52.5%
	第4四半期	446	22,140	94	2,945	61	64.9%	1,558	52.9%
2011年度	第1四半期	386	22,526	41	2,986	28	68.3%	1,586	53.1%
	第2四半期	417	22,943	62	3,048	43	69.4%	1,629	53.4%
	第3四半期	449	23,392	66	3,114	42	63.6%	1,671	53.7%
	第4四半期	489	23,881	86	3,200	56	65.1%	1,727	54.0%
2012年度	第1四半期	459	24,340	58	3,258	32	55.2%	1,759	54.0%
	第2四半期	795	25,135	95	3,353	69	72.6%	1,828	54.5%
	第3四半期	1,300	26,435	231	3,584	145	62.8%	1,973	55.1%
	第4四半期	1,158	27,593	1,127	4,711	564	50.0%	2,537	53.9%
2013年度	第1四半期	948	28,541	300	5,011	165	55.0%	2,702	53.9%

出所：中小企業庁金融課発表の「中小企業再生支援協議会の活動状況について」より筆者集計

第 1 章　問題提起と本書の構成　　15

図表 1-6　中小企業再生支援協議会の取扱件数と再生計画策定完了件数

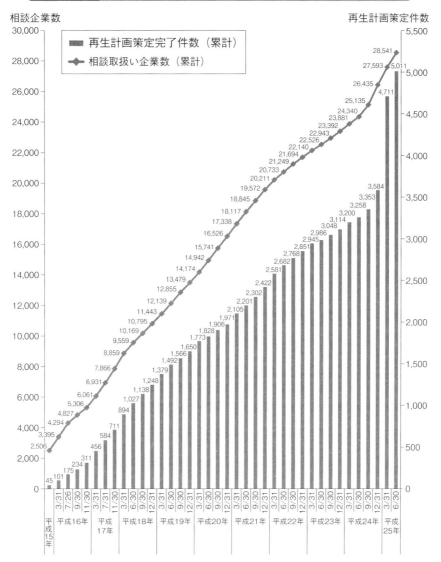

出所：中小企業庁金融課発表の「中小企業再生支援協議会の活動状況について」

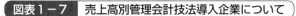

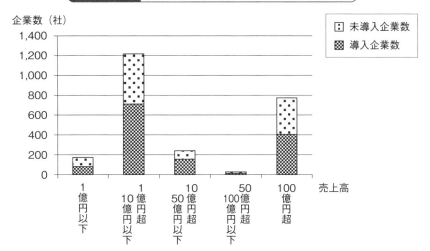

売上高	1億円以下	1億円超10億円以下	10億円超50億円以下	50億円超100億円以下	100億円超	総計
導入企業数（社）	80	712	155	12	405	1,364
導入割合（％）	46.5%	58.5%	64.6%	44.4%	52.3%	56.1%
全体（社）	172	1,217	240	27	774	2,430

出所：中小企業庁金融課発表の「中小企業再生支援協議会の活動状況について」より2010年度以降のデータについて筆者集計

　管理会計技法の導入企業について，2010年4月から2013年6月までのデータを売上高別に分類したものが**図表1－7**である。売上高別の分類によれば，導入企業数は1億円超10億円以下の企業が最も多く，次いで100億円超の企業，以下は10億円超50億円以下，1億円以下，50億円超100億円以下となっている。管理会計技法の導入割合では，ボリュームゾーンである1億円超10億円以下の企業と100億円超の企業において，ともに導入率は50％を超えている。また，50億円以下までは，その導入割合が高くなる傾向を示している。

　同様に，管理会計技法の導入企業について，従業員数別に分類したものが**図表1－8**である。従業員数別の分類によれば，11～50名の企業が最も多く，次いで

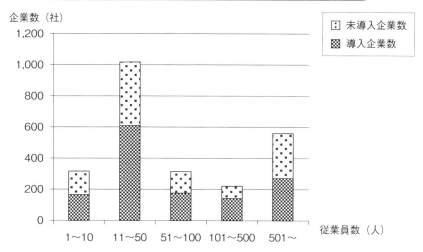

図表1-8　従業員数別管理会計技法導入企業について

従業員数（人）	1～10	11～50	51～100	101～500	501～	総計
導入企業数（社）	165	609	176	142	272	1,364
導入割合（％）	52.1%	59.9%	55.9%	64.3%	48.6%	56.1%
全体（社）	317	1,017	315	221	560	2,430

出所：中小企業庁金融課発表の「中小企業再生支援協議会の活動状況について」より2010年度以降のデータについて筆者集計

501名以上の企業となった。また，500名以下の企業における管理会計技法の導入割合は総じて50％を超えているが，501名以上の企業になると導入割合は48.6％と50％を切っている。いずれにしても，売上規模，従業員数によって，多少の差はあれ，導入割合は総じて40％を超える。つまり，規模を問わず再生企業の約半数では，管理会計が倒産の危機に至る過程で十分に活用されていなかったことが示唆される。

なお，個別企業に関するデータは，2005年の第3四半期から提供されているが，初期のものは業種区分が細分化されていたため，業種が集約された2010年以降のサンプル2,430件を対象とした。その結果，サンプルに占める管理会計技法の導入割合は56.1％となり，全母集団の53.9％よりも高くなっているが，

これは，2009年以降における管理会計技法の導入割合が高まっているためである。中小企業再生支援協議会の活動は初期段階では，都道府県ごとに差がみられたが，「中小企業再生支援協議会事業実施基本要領」が制定された2008年4月以降には全国的に活動が均一化されてきた。また，不況型の企業再生が増加してきたことで内科治療が必要となってきたものと考えられる。その意味でも2010年以降を集計対象とすることで，管理会計技法が導入され，内科治療が行われている状況の全体像が把握できる。

次に，管理会計技法の導入について2010年4月から2013年6月までのデータを業種別に分類したものが，図表1－9である。業種としては，製造業，卸売・小売業，建設業，飲食業・宿泊，サービス業，運輸業の順に再生件数が100件を超えており，以下では，不動産業，情報・通信，医療・福祉，教育・学習支援，鉱業，電気・ガス・熱供給と続く。再生件数が100件を超える業種のうち，製造業，卸売・小売業，建設業，サービス業，運輸業における管理会計技法の導入割合は，全体の平均（56.1％）を上回っており，飲食業・宿泊は47.4％と全体の平均を下回る。逆に，再生件数は19件と少ないものの，不動産業では，導入企業が1社（5.3％）とかなり低い値を示す。

以上から，中小企業再生支援協議会が取り組む再生企業の二次破綻の割合は相対的に低く，また，再生企業に対して管理会計技法が高い割合で導入されていることが明らかとなった。経営不振に陥った企業を買収して，企業再生を行い，自身の成長につなげている日本電産の事例のように，競争優位のある技術力や製品・サービスがあっても，経営が適切にできていない企業に対して，管理会計技法を用いて経営改善を行うことで企業再生を果たす場合がある（吉川，2010）。つまり，再生企業への管理会計技法の導入により，企業再生を果たし，また長期的な企業の存続に寄与していることが示唆される。

ここまで企業再生の現実において管理会計を導入する割合が高いこと，その理由，背景，状況について確認してきた。次節では，企業再生における管理会計の役割について，これまでの先行研究がどのような議論を行ってきたのかを確認することで，本研究の対象とする研究領域を明確にする。

図表1-9 業種別管理会計技法導入企業について

売上高	～1億円	1～10億円	10～50億円	50～100億円	100億円～	総計
製造業						
導入企業数(社)	32	321	58	4	143	558
導入割合	47.1%	60.0%	63.0%	57.1%	49.1%	56.2%
全体	68	535	92	7	291	993
卸売・小売業						
導入企業数(社)	12	136	50	5	116	319
導入割合	46.2%	61.5%	66.7%	29.4%	55.5%	58.2%
全体	26	221	75	17	209	548
建設業						
導入企業数(社)	12	93	18	1	51	175
導入割合	54.5%	64.6%	56.3%	100.0%	58.6%	61.2%
全体	22	144	32	1	87	286
飲食業・宿泊						
導入企業数(社)	13	64	8		26	111
導入割合	59.1%	48.1%	72.7%		38.2%	47.4%
全体	22	133	11		68	234
サービス業						
導入企業数(社)	9	60	9	1	41	120
導入割合	42.9%	59.4%	75.0%	100.0%	56.2%	57.7%
全体	21	101	12	1	73	208
運輸業						
導入企業数(社)	1	30	9	1	23	64
導入割合	25.0%	50.0%	81.8%	100.0%	63.9%	57.1%
全体	4	60	11	1	36	112
不動産業						
導入企業数(社)	0	0	1		0	1
導入割合	0.0%	0.0%	50.0%		0.0%	5.3%
全体	6	8	2		3	19
情報・通信						
導入企業数(社)		6	0		1	7
導入割合		60.0%	0.0%		50.0%	50.0%
全体		10	2		2	14

医療・福祉						
導入企業数(社)	1	2	0		1	4
導入割合	50.0%	50.0%	0.0%		50.0%	44.4%
全体	2	4	1		2	9
教育・学習支援						
導入企業数(社)	0	0			1	1
導入割合	0.0%	0.0%			100.0%	33.3%
全体	1	1			1	3
鉱業						
導入企業数(社)					2	2
導入割合					100.0%	100.0%
全体					2	2
電気・ガス・熱供給						
導入企業数			2			2
導入割合			100.0%			100.0%
全体			2			2
総企業数(社)	172	1,217	240	27	774	2,430

出所：中小企業庁金融課発表の「中小企業再生支援協議会の活動状況について」より2010年度以降のデータについて筆者集計

1.3. 企業再生に関する管理会計研究

　組織が厳しい競争環境で生き残っていくためには，外部環境に適応するようにマネジメント・コントロール・システム（MCS）を構築するとともに（Chenhall, 2005），組織の規模に応じてMCSを構築・発展させていかなければならない（Greiner, 1972）。外部環境にMCSを適応できなければ，企業は利益を創出することができず，やがて倒産の危機に陥るので，事業の再構築を行い，MCSを適応させていくことが必要になる（Cameron et al., 1988）。このように考えるならば，倒産の危機に直面した状況から企業を再生していく際には，これまでの（今後の）外部環境の変化，内部環境の変化に対して，MCSを適応させていかなければならないといえる。

　Simons（1995, 5）では，MCSは「組織活動パターンを維持・変化させるために経営者が用いる情報をベースとした公式の手順や手続き」として定義されている。それに対して，Bisbe & Otley（2004）ではSimons（1995）をベースとしつつも，さらに非公式なプロセスにまでMCSを拡張して定義している。本書の分析では，公式コントロールと非公式コントロールを包含する形でMCSを捉え[12]，MCSは戦略計画と予算を中心とし，中・長期経営計画と短期経営計画からなる一連のPDCAサイクルであるものと捉える。

　澤邉（2005）では，企業経営がうまくいかない状況について，次のように整理される。

> 個別の企業経営において会計を経営管理に役立てるのは至極当然のことであり，管理会計は企業経営の根幹を支える重要な能力のひとつである。問題があるとすれば，会計が利用されることにあるのではなく，グローバルな会計改革が，ローカルな社会状況を反映していなかったり，個別企業の経営目的や管理手法と整合的でない場合である（澤邉, 2005, 199）。

　経験的研究の対象となる企業は，母集団からランダムに選択された企業ではなく，革新的な先端実務を採用している企業であるべきというKaplan（1986）の考えに代表されるように，従来の管理会計研究は，エクセレント・カンパニーを中心としたすぐれた管理技法研究が多く，組織成長のための管理会計の役割に関する研究が行われており（澤邉, 2009），管理会計研究といえば，管理会計がすでに存在し実践されている企業を中心に行われてきた。そこで生み出された知見は，活動基準原価計算（Cooper & Kaplan, 1988）やバランスト・スコアカード（Kaplan & Norton, 1992, 1996）のように規範的に開発された管理会計技法とその利用法であった。
　しかし，管理会計技法に関する規範的研究は，その使われる文脈の重要性を十分に考慮していない場合が多く，実際にはその使われる文脈に注目すべきであるとして，実態を調べる経験的研究が欧州を中心として増えてきた（たとえばBriers & Chua, 2001; Baxter & Chua, 2003; Nørreklit et al., 2012）。
　規範的研究の現実的な有用性への批判から経験的研究の必要性が高まる一方で，管理会計研究の発展のための規範的研究に対するニーズが高まっている（上總・澤邉, 2006）。規範的研究と経験的研究に二分化する傾向のなか，澤邉（2005）の基本的な視点は，規範世界と現実世界の差異を認識したうえ，現実世界を変えていき規範的な世界に近づけていこうとするものである。すなわち，規範世界と現実世界を対立関係としてみるのではなく，規範世界と現実世界を動的な関係として捉えようとするものである。本書でも，同じ認識に立ち，経験的研究を通じて規範的研究との関連性を検討するというのが研究上の大きな

問題意識である。

　前節でみたように日本企業における再生では，メインバンク，中小企業再生支援協議会や会計専門家の役割が大きいと示唆されている。これまでの管理会計研究は，個別企業に焦点を合わせすぎており，当該企業の内外の経済主体やネットワークに対して注意を払ってきたとは言い難い。

　そこで本書では，困窮企業が組織変革をとげて再生する際におけるMCSの適応プロセスをビジネス・エコシステムの観点から研究することにより，規範世界と現実世界における乖離の克服プロセスを明らかにする。組織間関係に着目する研究では，バイヤー・サプライヤー関係を中心にして議論をされてきたが，ビジネス・エコシステムに着目したネットワーク研究は，これまで十分に行われていない（Håkansson & Lind, 2006; Caglio & Ditillo, 2008; 窪田ほか, 2008）。本研究では，組織について，外部環境要因を決定すれば，外部環境の影響を受けつつ，組織内部を議論できるものと捉えずに，外部と内部のダイナミズムを前提とし，内外の相互作用を通じて時間をかけて変化して，お互いがお互いを形成するビジネス・エコシステムとして捉えて研究を進める（Hannan & Freeman, 1977, 1989; Moore, 1993; Iansiti & Levien, 2004）。

　外部環境および内部環境の変化とMCSについては，組織の成長・衰退段階に応じて適用されるMCSの内容についての研究（Reid & Smith, 2000; Moores & Yuen, 2001; Davila, 2005; Davila & Foster, 2007; Sandino, 2007; Silvola, 2008; Davila et al., 2009）と，MCSがどのように変化するか，その変化プロセスについて研究するアプローチ（Cardinal et al., 2004; Granulund & Taipaleenmaki, 2005; Collier, 2005; 稲垣, 2010）がある。前者のMCSの内容に関する研究によれば，各組織の成長・衰退段階におけるMCSの特徴を明らかにすることに長けており，後者の変化プロセスに着目するアプローチによれば，組織の成長や衰退におけるMCSの変化の動態を明らかにすることに長けている。

　従来のエクセレント・カンパニーを中心とする管理会計研究だけではなく，近年では管理会計変化に対する注目が集まっており（Hopwood, 1987; 浅田, 2009），管理会計変化の1つのテーマとしてスタートアップ企業におけるMCS

の適用がある（Davila & Foster, 2008）。他方で，管理会計情報が役立つのは，企業の不調時であるとの指摘もある（Silvola, 2008）。たとえば，アメーバ経営の導入による日本航空（株）の再建（森田，2014）や，（株）日本電産による救済M&Aといった企業再生に着目され（上總・吉川，2008），企業再生計画の策定に関する研究が蓄積され始めているが，Cardinal et al.（2004），稲垣（2010）等のわずかな研究を除けば，企業再生期におけるMCSの変化プロセスに関する研究は不十分である。従来はコンティンジェンシー・アプローチによるMCSの内容に関する研究が中心であったが，今後はMCSの動的なプロセスを明らかにする研究がより必要とされている（Davila & Foster, 2008）。

　また，中小企業に対する金融機関によるハンズオン経営の実務はメインバンク制として以前から知られているところであり（たとえばSheard, 1989）[13]，管理会計実践としても割増回収期間法を用いて「企業の経営システム（投資決定プロセス）の一部を銀行が担当」し，「企業と銀行との二人三脚」（上總，2003, 19）により経営が進められてきた。この二人三脚の経営の前提には，両者の高い信頼関係のもとでの相互互恵が行われるという緊密な取引関係がある（Sako, 1992）。しかし，これまで上場企業を中心とする大企業を対象として研究が進められるなかで，中小企業における管理会計研究は国内外を通じて先行研究で十分に明らかにされているとはいえない（Mitchell & Reid, 2000; 澤邉・飛田, 2009）。

　中小企業が出納の記帳業務を行っている程度の場合には，中小企業単独でみると管理会計実務はあまり行われていないようにもみえるかもしれない。金融機関単独でみれば，中小企業への融資活動は特殊な投資意思決定会計であり，いわゆる管理会計とは別の世界のようにもみえるかもしれない。あるいは，会計専門家単独でみれば，会計サービスの提供としか捉えられないかもしれない。しかし，それら全体を1つのネットワークとして捉えると，その見え方は異なるものになる。金融機関は単に金融サービスを提供するだけでなく，その先にある経営現場に関与し，会計専門家は計画策定機能の一端を担い，それらを含めて中小企業の管理会計実践とみることができる。この実践を捉えるために，

本書では複数の組織が相互作用を果たしながら共存していると考えるビジネス・エコシステムの観点を採用する。企業再生でいえば，計画策定という1つの目的に対して利害が異なる他社が相互作用を果たすことになる。

中小企業の再生においても管理会計技法が活用されることが多く，この点に着目すればビジネス・エコシステムにおける相互作用による管理会計実践が，何らかの形で企業再生に役立っていることが示唆される。たとえば，企業再生の実践者によって予算管理を基本としたPDCAサイクルの重要性が指摘されている（細川, 2004）。中小企業再生と管理会計に関する数少ない研究でいえば, 稲垣（2010）によって，中小企業再生における管理会計の導入の阻害要因と促進要因が検討されている。それによると，外部からの支援による管理会計システムの導入が企業再生に成功するための必要条件として位置づけられ，さらにその後に組織内で管理会計情報が有効に活用されることがより重要であると示唆されている。しかし，どのような管理会計技法がどのように利用されているのかといった実態についてはこれまで十分に検討されていない。また，会計専門家や金融機関といった外部の支援による再生計画の策定と実行が，企業内部における管理システムにどのような影響を与えるのかについても，これまで十分に議論されているとはいえない。

1.4. 研究方法および研究課題

本書では，ビジネス・エコシステムにおける管理会計の役割を検討するにあたり，再生企業と，後述するようにビジネス・エコシステムで要石（キー・ストーン）を果たしている金融機関をもう1つの軸としておく。さらに必要に応じて会計専門家が再生企業の支援を行うものと位置づける。特に，再生企業が困窮状況にあり，日々のオペレーションに消耗している現実においてメインバンク側の金融機関は，ビジネス・エコシステム全体に目を配り，再生企業を支援する立場にある。本研究では，そのようなビジネス・エコシステムのキー・

ストーンたる金融機関が期待する規範世界と実際の現実世界に乖離があり，その乖離の典型例が企業再生であると捉え，その乖離がビジネス・エコシステムにおける相互作用を通じてどのように克服され，信頼関係が再構築されるのかについて検討を行う。

　ビジネス・エコシステムにおける相互作用において，金融機関による企業への単なる押しつけではなく，どのように企業を説得し，影響力を行使するのかについて，当該プロセスにおける会計の役割を述べる。すなわち，本書の大きな研究課題は，地域経済というビジネス・エコシステムにおける，組織間の相互作用が行われるなかで，規範世界と実際の現実世界との乖離を克服するために管理会計はどのような役割を果たすのか，ということである。

　このような研究目的から，①ビジネス・エコシステムのキー・ストーンである金融機関，②企業に組織的な支援を行う金融機関，③組織的な支援を行うにあたって管理会計を重視している金融機関を基準として理論的サンプリングを行い，フィールドスタディを実施した。

　ビジネス・エコシステムにおける相互作用プロセスを理解するにあたって，何をというWhatやなぜというWhyの問題に加えて，変化プロセスを分析するどのようにというHow形式の問題を取り扱うため（澤邉ほか，2008），エスノグラフィックな定性的研究を採用する。具体的には，X銀行を中心とする中小企業の再生現場に焦点を当てた参与観察を中心とする長期的なフィールドスタディに基づく経験的研究を行う。本研究の1つの特色は，金融機関を対象とする場合に通常は除外される研究方法である参与観察を用いて（Berry et al., 1993），現実に行われている会計実践を確かめるエスノグラフィックな定性的研究を行い（Silverman, 2009），金融機関と再生企業間の面談時に行われるコミュニケーションを分析の対象とすることである。

　本研究によって期待される貢献は以下の2点にある。

1．研究方法上の特徴から得られる貢献

　参与観察に基づいて，実態調査が容易でない金融機関と再生企業間の面談時

におけるコミュニケーションを捉え，再生企業におけるMCSの変化を理解することが，本研究の大きな特色である。したがって，組織の危機への対応時におけるコミュニケーションを詳細に理解し，それが金融機関と再生企業のMCSにどのような影響を与えるのかを明らかにすることが，本書の貢献の1つになると期待される。

2．データ特性上の貢献

本研究におけるデータ特性は，一企業内部におけるMCSの変化だけでなく，金融機関および会計専門家と企業間の相互作用を捉えることにより，MCSの動的な変化プロセスを捉えるものであるということである。その特性により，一企業で完結するシステムではなく，組織間の連携もふまえた，ビジネス・エコシステムとして統治メカニズムを捉えることができる。結果として，中小企業とそれを支援する地域金融機関，会計専門の相互作用を把握して，MCSの変化を動的に理解し，現実世界をいかに規範世界に近づけようとするのかを理解することができると期待される。

1.5. 本書の構成

上述の研究課題に取り組むために，本書の前半部分においては，ビジネス・エコシステムからみた企業再生におけるMCSについて，主として文献調査による先行研究の整理を通じて，現状で明らかにされていることを述べ，本書で検討すべき研究領域と研究課題を提示する。本書の後半部分では，フィールド調査の結果をもとに具体的な事例を検討する。最終章においては，管理会計による組織の変革への働きかけに関する重要な点を提示する。本書の構成は次のとおりである。

第2章では，まずMCSの基本的な役割を理解したうえで，企業再生におけ

るMCSに関する先行研究を概観する。次に，組織間管理会計の先行研究を確認し，本研究で採用するビジネス・エコシステムについての考え方を整理し，組織ネットワークをビジネス・エコシステムからの視座からみることにより得られる特徴について述べる。そして，企業再生における鍵概念である，信頼，意識改革，計画策定，セグメント別損益計算についての先行研究の整理を行い，本研究の貢献すべき研究領域と研究課題を明らかにする。

　第3章では，第2章の議論をふまえ，本書の研究課題からエスノグラフィックな研究方法を選択した理由を説明し，研究方法としてのエスノグラフィックなアプローチの特徴とそれを用いた調査の概要を説明する。

　第4章では，主たるケースサイトであるX銀行の企業再生プロセスについて，その全体像を明らかにする。次に，信頼関係が一度喪失してしまった状況から，再生計画の策定を軸として，会計的に表現された現状認識と将来期待のすりあわせとして進行する姿を描く。そして，この整理を通じて，企業再生のプロセスは，失われた信頼関係が再構築されていくプロセスとして捉えられることを示す。

　第4章で明らかにされた信頼の再構築プロセスをふまえて，第5章から第7章では，管理会計が，どのように信頼の再構築に影響を与えるのか分析を行う。第5章では，企業再生に必要不可欠な経営者意識の変革がどのように生じるのか，再生計画の策定・実行・見直しを通じた変化に焦点が当てられた分析を行う。具体的には，会計計画の確認を通じた経営者の誤解の解消により，経営者の将来願望が現実的な方向へ誘導される事例，営業活動の確認を通じて経営者の実行意欲が喚起される事例，そして経営者意識の十分性が確認される事例を述べる。

　第6章では，金融機関，会計専門家を交えた再生計画の修正を通じて，多くの従業員を巻き込んで全社的活動によるMCSの変革プロセスを述べる。企業再生に陥るような経営者の意識は夢想的である場合が多く，楽観的な第1次再生計画は経験的に成功しない可能性が高い。そこで，金融機関としては，全社的に巻き込み策定され，より具体的で実行可能な計画の策定を求めており，月

次でモニタリングできる体制の構築を期待する。また，金融機関と企業との関係では十分な経営改善が図れない場合があるため，会計専門家がコンサルタントとして再生計画の策定を支援する。金融機関，会計専門家と企業が一体となり，企業再生計画を策定した事例を取り上げ，それぞれの相互作用を通じて，金融機関の期待する計画へと修正され，再生プロセスが進むことを明らかにする。

　第7章では，事業別，顧客別，製品別といったセグメント別損益計算が行われていない企業に対して，その計算技法が導入されることにより，組織にどのような影響をもたらすのかについて検討する。経営者の試行錯誤により導入されるセグメント別損益計算をはじめとする管理会計技法を通じて，適切な意思決定の実施と，経営者の学習プロセスが行われた事例を取り上げる。また，セグメント別損益計算が企業内だけでなく，金融機関における意思決定を進めることも明らかにする。

　第8章では，本書を通じて明らかとなった重要な発見事項について考察する。具体的には，第1に，企業再生を信頼の再構築プロセスと位置づけ，企業再生計画の策定を通じた信頼の再構築プロセスが，通常の信頼構築プロセスとどのように異なるのかについて検討する。第2に，企業再生プロセスをビジネス・エコシステムから捉えることにより，MCSをより動的に理解できるのかについて検討する。最後に，本研究の限界と今後の課題を述べる。

●注
1　従来，倒産とはいつでも破産手続開始決定ができる状態と考えられていたが，中小企業倒産防止共済法（昭和52年法第84号）2条2項により，法律上の倒産として定められることになった（宗田，2008,4）。また，一般的に倒産とは，「企業経営が行き詰まり，弁済しなければならない債務が弁済できなくなった状態」を指し，具体的には，以下にあげる6つのケースのいずれかに該当すると認められた場合を倒産と定め，これが事実上の倒産の定義となっている（帝国データバンク，2013）。
　⑴　銀行取引停止処分を受ける（手形交換所または電子債権記録機関の取引停止処分を受けた場合）
　⑵　内整理する（代表が事業停止し，倒産を認めた時）
　⑶　裁判所に会社更生手続開始を申請する

(4)　裁判所に民事再生手続開始を申請する
　(5)　裁判所に破産手続開始を申請する
　(6)　裁判所に特別清算開始を申請する
　倒産処理からみた場合，裁判所を通さずに行う私的整理（(1)と(2)）と法律に則って行う法的整理（(3)～(6)）とに大別できる。また，倒産は会社を清算させる「清算目的型」と，事業を継続しながら債務弁済する「再建目的型」に分けられる。私的整理は，債務者が主要債権者と協議のうえ，債務整理を行うもので，内整理のうち，事業継続を前提とした債務免除，任意整理など再建を目指す場合は倒産にカウントされない。本書でいう企業再生とは，資金繰りに窮して債務の返済が不能になり，実質的に経営破綻に陥っている，あるいは陥る可能性が高い企業が，法的整理あるいは私的整理を通じて継続企業の前提を取り戻して，事業継続を行うことを指すものとし，特に本書では再建目的型の私的整理を取り扱う。

2　本書では，リレーションシップ・バンキングを「①顧客特有の，しばしば銀行にとって独占的である情報を得ることに投資し，②同一顧客との時間をかけた複数回の取引および／あるいは金融サービスを通じて，投資プロジェクトの収益性を評価する金融機関による，金融サービスの提供」（Boot, 2000, 10）と定義する。

3　本書では中小企業の定義を，中小企業基本法第2条に基づき，業種別に従業員規模・資本金規模から具体的に規定する。中小企業とは，製造業・その他の業種の場合には300人以下または3億円以下，卸売業の場合には100人以下または1億円以下，小売業の場合には50人以下または5,000万円以下，サービス業の場合には100人以下または5,000万円以下を指す。本書における大企業は，上記中小企業以外を指すが，典型的には上場企業を指すものとする。もちろん，上記の定義以外にあてはまらない企業においても，中小企業の性質を有するものがあるが，ここでは便宜上，中小企業を具体的に規定することとする。

4　ここで，実抜計画の「実現可能性の高い」とは，①計画の実現に必要な関係者との同意が得られていること，②計画における債権放棄などの支援の額が確定しており，当該計画を超える追加的支援が必要と見込まれる状況でないこと，③計画における売上高，費用及び利益の予測等の想定が十分に厳しいものとなっていることの全ての要件を充たす計画であることをいう（中小・地域金融機関向けの総合的な監督指針Ⅲ-4-9-4-3(2)③注1）。また，実抜計画の「抜本的な」とは，概ね5年（5年～10年で計画どおりに進捗している場合を含む）後に正常先（計画終了後に自助努力により事業の継続性を確保できれば，要注意先であっても差し支えない）（中小企業向け融資の貸出条件緩和が円滑に行われるための措置）であることをいう。なお，これらの条件は今後変更される可能性がある。

5　合実計画を実抜計画とみなすための要件は，次のとおりである（金融検査マニュアル，自己査定（別表1））。
　イ．経営改善計画等の計画期間が原則として概ね5年以内であり，かつ，計画の実現可能性が高いこと。ただし，経営改善計画等の計画期間が5年を超え概ね10年以内となっている場合で，経営改善計画等の策定後，経営改善計画等の進捗状況が概ね計画どおり（売上高等及び当期利益が事業計画に比して概ね8割以上確保されていること）であり，今後も概ね計画どおりに推移すると認められる場合を含む。

ロ．計画期間終了後の当該債務者の債務者区分が原則として正常先となる計画であること。ただし，計画期間終了後の当該債務者が金融機関の再建支援を要せず，自助努力により事業の継続性を確保することが可能な状態となる場合は，計画期間終了後の当該債務者の債務者区分が要注意先であっても差し支えない。

ハ．全ての取引金融機関等において，経営改善計画等に基づく支援を行うことについて，正式な内部手続を経て合意されていることが文書その他により確認できること。

　　ただし，金融機関が単独で支援を行うことにより再建が可能な場合又は一部の取引金融機関等が支援を行うことにより再建が可能な場合は，当該支援金融機関等が経営改善計画等に基づく支援を行うことについて，正式な内部手続を経て合意されていることが文書その他により確認できれば足りるものとする。

ニ．金融機関等の支援の内容が，金利減免，融資残高維持等に止まり，債権放棄，現金贈与などの債務者に対する資金提供を伴うものではないこと。

　　ただし，経営改善計画等の開始後，既に債権放棄，現金贈与などの債務者に対する資金提供を行い，今後はこれを行わないことが見込まれる場合，及び経営改善計画等に基づき今後債権放棄，現金贈与などの債務者に対する資金提供を計画的に行う必要があるが，既に支援による損失見込額を全額引当金として計上済で，今後は損失の発生が見込まれない場合を含む。なお，制度資金を利用している場合で，当該制度資金に基づく国が補助する都道府県の利子補給等は債権放棄等には含まれない。

6　本書では，会計計画といえば将来の見積財務諸表，すなわち損益計算書，貸借対照表，キャッシュ・フロー計算書のことを指す。短期の場合，会計計画は短期利益計画と予算を指し，中期，長期の場合は，中期経営計画，長期経営計画の一部が会計計画となる。企業再生の場合には，返済期間に応じて再生計画が策定されることから，通常は中長期の期間にわたって見積財務諸表が作成される。これらをまとめて議論するために，本書では会計計画という概念を用いる。また，事業計画といえば，特に断りがない場合，新事業進出計画，構造改革計画，競争力増強計画，経営合理化計画を含む個別計画と個別計画を考慮した事業部計画，研究開発計画，財務計画などの事業計画の両方を含むものとする。

7　財務デュー・ディリジェンスとは，調査対象会社の実態貸借対照表を認識し，収益力の把握や資金繰りの把握，さらには簿外債務や偶発債務等の調査を行うことであり，事業デュー・ディリジェンスとは，外部環境分析および内部環境分析を通じて事業の調査，分析を行い，窮境の原因および事業の実態を解明することである。財務デュー・ディリジェンス，事業デュー・ディリジェンスの進め方と報告書の記載内容については，社団法人中小企業診断士協会（2008）や伊藤（2009）を参照のこと。

8　「私的整理に関するガイドライン」による，事業計画案における数値基準は次のとおりである。

① 実質的な債務超過の解消

　　再生計画成立後に最初に到来する事業年度開始の日から3年以内を目処に，実質的な債務超過を解消する必要がある。

② 経常利益の計上

　　再生計画成立後に最初に到来する事業年度開始の日から3年以内を目処に，黒字に転

換すること。
　　また，中小企業再生支援協議会のスキームでは，「私的整理に関するガイドライン」より数値緩和されている。
① 実質的な債務超過の解消
　　再生計画成立後に最初に到来する事業年度開始の日から3～5年以内を目処に，実質的な債務超過を解消する必要がある。
② 経常利益の計上
　　再生計画成立後に最初に到来する事業年度開始の日から3年以内を目処に，黒字に転換すること。
③ 債務償還年数，キャッシュ・フロー比率
　　再生計画終了年度（原則実質的な債務超過を解消する年度）における有利子負債の対キャッシュ・フロー倍率が概ね10倍以下となる必要がある（最長15年が可能）。
　　ただし，債権放棄等を要請する内容を含まない再生計画の場合には，①②を満たさない計画策定も許容される。
④ 金融支援の合理性
　　清算配当率以上の返済額（利子込み）が見込まれること。
　　継続価値が実質純資産価値を上回ること。

9　2011年2月25日に，中小企業庁の担当者に電話で問い合わせ，回答を得た。
10　Slatter & Lovett（1999）は，再生プロセスを分析フェーズ，応急処置フェーズ，戦略的変革フェーズ，成長と新生フェーズの4つのステップに分類する。また，一般的な地域金融機関による企業再生の一連のプロセスをまとめたものとしては，たとえば穂刈（2008）がある。本研究では，企業再生プロセスを再生開始，再生計画の策定，再生計画の実行に分ける。再生計画の策定の完了は，私的整理の完了，すなわち債権者が再生計画について合意を行ったときと捉えて議論を進める。
11　管理会計技法の導入とあるが，管理会計は製品別，取引先といった事業の選択と集中を行うためにだけ行われるわけではない。中小企業庁の調査は，中小企業再生支援協議会の支部からの報告書からの集計結果であり，管理会計技法の導入といっても実際には管理会計の導入には多様な可能性が想定される。つまり，利用できる会計情報がなくて，管理会計情報を入手したか，利用できる会計情報があっても，管理会計情報が適切に利用されていないのかといった可能性が想定される。前者は管理会計技法の導入と明確に捉えられるが，後者は判断が分かれるものと思われる。また，管理会計技法の導入として，原価計算や予算管理の導入も想定されるが，この調査からはその詳細を把握することはできない。
12　本書では，経営者が企業の業務として，公式に行うと考えているものを公式コントロール，それ以外を非公式コントロールとして議論を進める。
13　最近では川村（2009）により，金融機関より派遣された行員が直接経営支援を行う事例研究が報告されている。

第 2 章

ビジネス・エコシステムからみた企業再生におけるMCS

2.1. はじめに

　本書の研究目的は，企業再生という組織の異常事態に対してMCSをどのように適応させていくのかについて，ビジネス・エコシステムの観点から捉え，現実世界をいかにして規範的理想へ近づけるのかを明らかにすることである。そうすることで，本研究の成果は，現実世界に対する提言を行うための規範理論の土台を提供するであろう。しかし，規範理論としての提言については，本研究の先の課題である。

　本研究の主題である企業再生と管理会計に関連する議論として，組織の成長・衰退段階とMCSの適用に関する一連の研究がある。当該研究では，特に組織の成長と内部環境変化への対応策がまとめられてきた。これらは，企業再生の文脈と関連しているため，参考になる点が多いが，組織の成長・衰退段階の移行と倒産の危機は必ずしも一致しない。

　組織の成長・衰退段階の移行時にMCSを適合できないことにより，経営破綻につながる場合もあるが，経営破綻は成長段階の移行時や，組織の衰退期だけに生じる事象ではない。成長期や成熟期においても，倒産する企業はある。再生が必要な企業の共通点は，資金繰りに窮しており，資金ショートによる倒産回避をしなければならないことであり，それは一刻を争う非常事態である。

　企業再生においては，再生計画を策定し，外部支援者から承認を得ることが企業存続に対して決定的に重要となる。企業再生計画の策定は企業単独で完了するプロセスというよりも，金融機関や会計専門家が計画策定に関与することになる。従来の計画策定は，一企業で完結するものであるという前提で議論がなされてきたが（Anthony, 1965; Simons, 1995），企業再生という文脈においては，計画策定に関する議論に加えて組織間関係に関する議論まで視野を広げる必要が生じる。

従来の組織間関係に関する議論は，バイヤー・サプライヤー関係という２者間の関係に着目することが中心であった。しかし，金融機関をキー・ストーンとして，企業，会計専門家，公的機関まで視野に入れて議論するためには，ネットワーク関係，ないしはビジネス・エコシステムの観点から捉えることが求められる（Håkansson & Lind, 2006; 窪田ほか, 2008）。

　本書では，これらの先行研究で得られた知見の上に立ち，経営計画の策定をビジネス・エコシステムに着目した企業再生という新しい設定のもとで，それぞれの相互作用が組織のMCSにどのような影響を及ぼすのかについて検討を行う。

　本章では，MCSの基本的な役割を述べ，組織間管理会計の議論を概観するなかで，ビジネス・エコシステムの観点から組織間管理会計を捉えることによる特徴を述べる。そして，企業再生における鍵概念である，信頼構築，意識改革，計画策定，組織間関係と管理会計技法についての先行研究の整理を行い，本研究の研究課題を述べる。

2.2. MCSの基本的な役割

(1) 管理会計研究における企業再生の位置づけ

　組織が厳しい競争環境に勝ち残っていくためには，外部環境および内部環境の変化に適合するようにMCSを構築するとともに，組織の規模に応じてMCSを構築・発展させていかなければならない（Greiner, 1972; Adizes, 1979; Chenhall, 2005）。これに対応できなければ，企業は利益を創出することができず，やがて倒産の危機に陥るので，事業の再構築を行い，MCSを環境変化に適応させていくことが必要になる。したがって，外部環境の変化，内部環境の変化に対してMCSをうまく適合できていない状況が，倒産の危機に直面して，

企業再生が必要な状況である（Cameron et al., 1988）。

　外部環境の変化に適合できない典型的な倒産や企業再生といえば，市場の衰退とともに，企業の売上が減少し，収益性が悪化して，赤字に陥る状況である。また，リーマン・ショックに端を発する世界的な経済環境の悪化といったような恐慌期においても，企業の倒産確率は高まり，国レベルでの制度的な対応が必要となる場合もある。あるいは，厳しい競争環境において，新製品開発に対応できず，組織が衰退する場合もある。

　他方で，倒産や企業再生は，なにも市場の衰退期や恐慌期に限定されるわけではない。成長期や成熟期であっても，事業規模の拡大に対して，MCSを適合させられないような場合や，公式のコントロールを導入せずに，管理不能に陥るような状況では企業の倒産確率が高まる。また，事業拡大時に資金を借り入れ，投資を行ったものの，投資の回収金額が返済金額を下回ることで，結果として過大投資となり，資金繰りに窮するといった場合もありえる。

　典型的な倒産は，市場ライフサイクルの衰退期，組織ライフサイクルの衰退期に生じるが，他にそれぞれの成長期や成熟期であっても起こりうる。倒産状態からの復活が企業再生であるとすれば，企業再生は，組織ライフサイクルにかかわらず，一種の疾病と捉えることができる。この疾病に対処するために，将来の方向性を定めた再生計画が策定されることになる。

　では，再生計画の策定を中心とするMCSが，組織存続が危ぶまれる疾病に対してどのような役割を果たすのかについて，これまでどう論じられてきたのだろうか。以下では，まずMCSの基本的な役割を戦略内容アプローチと戦略プロセスアプローチの観点から確認する。そして，企業再生と管理会計という研究テーマがこれまでほとんど論じられてこなかった領域であることをふまえて，組織の成長と衰退に対するMCSの適用に関する議論を述べる。

(2) MCSの基本的な役割：
戦略内容アプローチと戦略プロセスアプローチ

　Chenhall（2005）では，戦略計画の適用に関するものの見方として，戦略内容アプローチと戦略プロセスアプローチに分類して，MCSの役割を検討する。

　戦略計画の内容を重視する戦略内容アプローチの立場によれば，諸個人と意図的な計画形成を仮定しており，論理的なプロセスを仮定する。プログラム可能で自明な反復的活動である場合には，この仮定は有用であり，戦略計画が業績の向上へと結びつくと考えられる（Steiner, 1969; Ansoff, 1987）。戦略計画については，目標の設定，全社戦略，事業戦略，および職能戦略における優先項目の設定，予算編成，モニタリング，統制，およびインセンティブの決定といった別個のステップへと切り分けられる（Anthony, 1965）。環境変化を考慮したコンティンジェンシー・プランやシナリオ・プランニングにおいても，同様にプロセスは区分される。

　このような手法は，進むべき方向性を示し，成り行き任せを回避し，参加者のコミットメントを高め，資源の最適配分を助け，課業を合理的に配分し，組織の部門間調整を強化し，長期的思考へと目を向けさせるような場合には，正当化される（Chenhall, 2005）。また，情報システムやコントロール・システムが，外部状況についての情報を提供し，戦略を達成するためになすべきことを予算に組み入れることを助け，戦略が計画どおりに進んでいるかどうかの評価に役立つとされている。管理会計担当者らは，経営管理への合理的で計算的なアプローチを好むので，しばしばこの手法を用いる。Mintzberg（1987, 1994）は計画設定をコンセンサス，コミットメントの結晶化として，一般的な戦略の意思決定に役立つものとして考える。

　他方で，計画外の状況を切り抜けるためには，限定合理性を想定した機会主義的な意思決定が必要であり，諸個人の戦略的課題に関する意思決定プロセスに注目する立場が戦略プロセスアプローチである。戦略プロセスに着目する立場によれば，完全な公式プロセスの構築は不可能と考えられ（Quinn, 1980），

公式コントロールはあまり強調されない。この立場は，戦略計画を重視する立場が仮定している合理的で秩序あるプロセスが有用であることは認めるが，それが適するのはプログラム可能で自明な反復的活動の場合であると考える。

不確実性の高い状況のもとでの戦略形成プロセスをみてみると，組織の進行中の諸活動から体系的でないアイデアが創発されてくる（Quinn, 1980; Mintzberg, 1987）。そこで，事前に設定された計画がすぐに不適切なものになってしまう動的な状況においては，MCSの役割を機械的に理解することは適切ではないと考えるのが戦略プロセスアプローチである。公式的な計画は，意図の伝達やアイデアを吸い上げるものとして，コミュニケーション・プロセスに役立ち（Chenhall & Morris, 1986; Simons, 1995; Chapman, 1998），組織が直面している戦略上の不確実性を解決する新しいアイデアを促進し，識別するプロセスの重要な一部分として双方向コントロールが知られている（Simons, 1995）。また，双方向コントロールにより，イノベーションを促進することや（Bisbe & Otley, 2004），戦略的変化をもたらすこと（Abernathy & Brownell, 1999），さらには，MCSを柔軟に利用して，組織の効率性と柔軟性の同時追求を行うイネーブリング・コントロールが促進される（Ahrens & Chapman, 2004）ように，MCSの役割は機械的なものではなく，柔軟なものとして捉えることができる。

このように，Chenhall（2005）では，戦略プロセスに注目する場合のMCSの役割として，①実現された戦略と意図された戦略の比較，②業績評価システムがもつ諸個人の評価機能，③計画を柔軟に再検討するための基礎となる情報の提供，④個人による個人のコントロールといった側面を指摘する。

安定的で予測可能性が高い状況においては，戦略計画の内容を重視するアプローチが適しているが，企業再生のように予測可能性が低く不安定な状況においては，戦略計画の内容だけでなく，戦略プロセスに注目する必要がある。

次項以降では，外部環境の変化，内部環境の変化に対して既存研究でどのように議論されてきたのか整理を行う。以下では，組織の危機とMCSの適用について，MCSの内容に着目するアプローチと，MCSの変化プロセスについて

研究するアプローチを概観する。これらは，それぞれ上記の戦略内容アプローチと戦略プロセスアプローチに対応している。

(3) 組織の成長・衰退とMCSの内容に着目する研究

本項では，組織の成長・衰退段階に対して適用されるMCSの内容に関する先行研究について概観し，組織の成長・衰退段階に応じて適用されるMCSがどのように異なるのかを検討する。

組織規模の段階が変化するとともに，企業の戦略と組織は変化するものとして，組織ライフサイクルモデルとMCSの適用に関する議論は，1960年代から組織論を中心に展開されてきた（Chandler, 1962）。組織ライフサイクルモデルの議論によれば，組織構造，戦略，リーダーシップスタイル，意思決定方法や組織のおかれる状況といった組織の特徴は組織の成長・衰退段階を通して異なることを想定する。企業が大きくなればより洗練された会計情報が必要になるように，企業の成長に応じて組織は複数の段階に分けられる（Greiner, 1972; Lewis & Churchill, 1983; Miller & Friesen, 1983, 1984; Quinn & Cameron, 1983; Gupta & Chin, 1990; Victor & Boynton, 1998）。代表的なモデルとして，たとえば，Greiner（1972, 1998）による創造性，指揮，分権化，調整，コラボレーションの段階や，Miller & Friesen（1984）による誕生期，成長期，成熟期，多角化期（revival），衰退期に分けるものなどがある（図表２－１）。

Greiner（1972, 1998）は組織の成長に従いライフサイクルの段階は変わり，その変わり目として組織の危機が訪れ，組織はそれに対応しなければならないと捉える。まず，創造性の段階では，リーダーシップの危機が訪れ，指揮命令する必要性が生じる。次に，組織が大きくなれば自律性の問題が生じるため，分権化される。分権化されれば，各部門の統制が問題となり，調整が必要になる。そして，最後に官僚制の危機に陥り，コラボレーションが必要になる。

| 図表2−1 | ライフサイクル段階の決定尺度 |

段　階	尺　　度
誕生期	10年未満の企業，非公式の組織，オーナー経営者による支配
成長期	売上高成長率が15％以上，機能別組織，公式的な方針
成熟期	売上高成長率が15％未満，官僚的な組織
多角化期	売上高成長率が15％以上，製品ラインの多様化，分権化，洗練された計画と統制システム
衰退期	製品の需要の低下，低い製品革新性，利益率の低下

出所：Miller & Friesen, 1984, 1163を一部修正

　また，経営管理の危機への対応として，Adizes（1979）は，①効率的な組織運営を行い，結果を作り出すこと，②適時に適量な情報に基づき，適切な順序で意思決定を行うこと，③創造性を持ち，必要なリスクを取りながら環境変化に適応する企業家精神，④チーム体制を構築することの4つを提示し，組織の成長段階に応じて重要な要素に強弱をつけて組み合わせながら対応しなければならないと述べる。

　Greiner（1972）やAdizes（1979）の研究を包含して整理したMiller & Friesen（1984）によれば，それぞれの段階における状況，組織，革新性と戦略は**図表2−2**のように整理できる。彼らは，大企業を中心とする36社の分析を通じて，組織的な洗練さは衰退期に弱まることを示した。また，誕生期，成長期では戦略の更新や革新化する試みが重視されるが，成熟期，衰退期においては，効率性の活用へと力点の移動がみられた。具体的には，値下げ販売，模倣，ロビー活動，談合，広告といった活動が，革新の代替となり，効率性を支援する（Greiner, 1972; Adizes, 1979）。さらに，規模の拡大を経てから衰退することを前提としているが，段階は戻ることもあることを指摘した。また，図表2−1で示された決定尺度からも明らかなように，組織ライフサイクルの実証研究においては，段階が進んだとしても，必ずしも組織ライフサイクル・アプローチが想定する大規模組織を想定しない（Moores & Yuen, 2001）。特に，管理会計の先行研究では，成長期と多角化期の差をあまり強調してこなかった

図表2-2　ライフサイクル段階の特徴

	状　況	組　織	革新性と戦略
誕生期	小企業 若い オーナー社長による支配 均一で，平穏な環境	非公式組織 非自律的 権力が非常に集権的 粗い情報プロセスと意思決定手法	製造ラインにおけるかなりの革新性 ニッチ戦略 相当のリスク負担
成長期	中規模 年月を経ている 多様な株主 より多様で競争的な環境	組織構造の一定の公式化 機能別組織 一定の自律化 集権化が一定程度弱まる 公式の情報プロセスの当初の発展と意思決定手法	製品市場の関連領域への拡大 製品ラインの増分的革新 急成長
成熟期	大規模 十分年月を経ている 分散した所有権 競争的でより多様な環境	公式的，官僚的組織 機能別組織 中程度の分権化 中程度の集権化 成長段階としての情報プロセスと意思決定	製品市場の統合戦略 よく定義された市場への効率的な供給に集中 保守的 成長力の鈍化
多角化期	巨大 非常に多様で競争的であり動的な環境	事業部制組織 分権化 情報プロセスにおける洗練された統制，環境スキャニング，コミュニケーションと意思決定の公式的な分析	製品市場の多様化戦略，非関連市場への移行 高いレベルのリスク負担と計画 かなりの革新 急成長
衰退期	市場規模 均質で競争的な環境	公式的，官僚的構造 機能別組織 中程度の分権化と集権化 あまり洗練されていない情報プロセスシステムと意思決定手法	低レベルの革新 価額の値下げ 製品市場の統合 子会社の清算 リスク回避と保守主義 低成長

出所：Miller & Friesen, 1984, 1163を一部修正

経緯があり（Macintosh, 1995），当該研究領域での知見は，必ずしも大企業のみを対象としているわけではないことに留意を要する。

　組織の成長とMCSの変化については，組織ライフサイクルに基づく理論的なフレームワークが提供されてきたにもかかわらず，経験的な検証があまり行われてこなかった（Moores & Yuen, 2001）。しかし，近年では経験的な研究が行われるようになってきた。以下では，経験的な研究により，明らかになってきた知見を整理する。

　まず，Moores & Yuen（2001）は，オーストラリアの衣料，履物産業49社についてMiller & Friesen（1984）のモデルに基づいて横断的研究を行い，異なる組織ライフサイクルを進んでいる企業は，それぞれの戦略を維持するために異なるタイプのMCSのパターンを必要とすることを示した。すなわち，誕生から成長への展開期および成熟から多角化への展開期には，より公式的なMCSの設計が求められる。これに対して，成長期から成熟期への移行および多角化期から衰退期への移行においては，明らかに公式度の低いシステムが求められることが明らかになった。

　Cassisa et al.（2005）は501社の横断的研究を行い，産業セクターや技術といった外部変数が，製品，目的，プロセスと行った内部変数という組織の構成要素と管理会計システムの適用の関係を調査し，それが組織ライフサイクルによって異なることを示す。研究結果は，管理会計システムと組織の構成要素の相関関係を捉えるとともに，組織の構成要素の変化に先んじて管理会計システムの変化が起こることを明らかにして，管理会計システムの変化が組織の構成要素の変化に影響をもたらすことを示す。

　また，Silvola（2008）は，企業の成長期と多角化期におけるMCSの適用を調査した。規模の拡大を前提とせずに，好調不調に着目すれば，不調時こそ情報が必要となり，多角化期において管理会計の重要性が高まることを示した。また，外部の投資家は，成長期に，企業が公式のMCSを用いていることを確かめるだけであったが，多角化期の企業においては，よりよい収益策を生み出すためのより詳細な管理会計情報を要求した。

同様に，Reid & Smith（2000）は，スコットランドの中小企業の150社をインタビュー調査し，キャッシュ・フローの危機，戦略目的に対する資金不足，革新の実行という特定の出来事への対応として，管理会計システムを導入することを明らかにした。

　MCSの適用にあたり，組織の規模の拡大が必要条件ではないことを示したのが，Sandino（2007）である。Sandino（2007）は小売業131社におけるMCSの適用が，企業の戦略によってどのように異なるのかについて検討した。すべてのサンプル企業が，予算，価格システム，在庫管理を含む基本的なMCSを有しており，MCSの適用に関して，組織の成長や，特定の出来事と関係なく，業種によってはスタートアップ企業でも基本的なMCSを有することが示された。小売業では，多店舗展開すれば，店舗管理が必要になるためである。また，彼女は戦略と追加的なMCSの適用に差異があることを明らかにする。すなわち，受注生産戦略をとる企業は収益MCS，製品リーダーシップをとる企業はコストMCS，多数製品戦略をとる企業はリスクMCSを採用する傾向にあった。さらに，戦略と追加的なMCSの整合性をとっているほうが，業績がよいことが示され，組織の危機が戦略とMCSの不整合に起因する場合には，整合性をとることが望ましいと示唆された。

　シリコンバレーにおけるスタートアップ企業のMCSの適用内容，適用時期，適用理由に関する一連の研究が，Davilaらによって行われた。Davilaらの一連の研究は，倒産確率の高いスタートアップ企業を対象としていることからすれば，彼らの研究から得られた知見は，組織の危機を乗り越えた生存企業の特徴であると捉えることができる。また，スタートアップ企業でなくとも，企業再生をきっかけとしてMCSを導入する場合の中小企業についても，参考になる議論である。

　MCSの適用スピードに影響を及ぼす要因としては，ベンチャーキャピタルの存在，企業規模，創業者CEOの交代がある（Davila, 2005）。Davila & Foster（2005）は米国のスタートアップ企業の管理会計システムの適用について調査を行い，エージェンシーコスト，コスト便益の感覚，企業規模，トップ

マネジメントスタイルが予算の適用時期を説明する変数であることを明らかにした。また，ベンチャーキャピタルの存在，CEOの経験，財務管理者の存在，従業員数，経営計画システムに関するCEOの信条が予算適用の意思決定と関係した。この調査から，彼らはベンチャーキャピタルが関与して，CEOの経験が長く，CEOが計画を重視する，より規模の大きい会社ほど，新しい財務管理者を雇用し，新しい会計システムを適用することを見いだした。当該研究から，外部の利害関係者の存在がMCSの適用に影響を与えることと，CEOの考えにより，管理会計の提供に影響を受けるという結果が明らかにされた。

次にDavila & Foster (2007) は，スタートアップ企業のMCSの適用について，財務計画，財務評価，人事計画，人事評価，生産システム，販売／マーケティング，パートナーシップをどのように組み合わせているか，どの順番に適用しているかを検討した。特に財務計画は，早期段階において最も広く適用されており，ついで，人事計画と戦略計画システムが導入されている。そして，財務評価システムは典型的に遅れて導入されている。また，MCSの適用割合は，従業員数，ベンチャーキャピタルの存在，国際業務，利益創出までの時間と正の相関関係にあった。さらに，彼らは，MCSの適用数の少ないCEOほど在職期間が短いことを見いだして，スタートアップ企業の成長に関するMCSの有用性を示した。

さらに，Davila et al. (2009) は，企業家精神を有するスタートアップ企業69社の製造部門におけるMCSの導入理由，導入理由と適用までの創業からの期間の関係，MCSの導入理由と業績の関係を，定量的な調査と定性的な調査を組み合わせて検討する。MCSの導入理由として，正当化と外部企業との契約のためという外部的理由，特定の知識をもった管理者の雇用といった積極的な内部的理由，組織内の混乱への対応，組織の問題からの学習という受動的な内部的理由があるが，それらの理由がMCSの機能のすべてと関連しているわけではないことを明らかにした。

以上を整理すると，組織の成長・衰退に対するMCSの適用について規範的な研究が行われ，それを検証する経験的研究が行われてきた。MCSの内容に

注目する研究の関心は，組織の成長・衰退段階に対してどのようなMCSを用いているのか，適用スピードに及ぼす影響要因，適用理由，また，MCSの適用と業績がどういう関係かということである。これまでの研究成果によれば，組織が属する業種，組織の成長段階に応じて適したMCSがあることが共通の認識である。

また，MCSの導入には，投資家をはじめとする外部の利害関係者が影響を与えることがわかってきている。業績の不調時に管理会計システムが導入されるようにその重要性は認識されているものの（Silvola, 2008），Moores & Yuen（2001）のように，組織ライフサイクルの多角化期，衰退期におけるMCSの公式度は低いという調査結果もある。管理会計システムの導入による組織への影響，MCSの公式度，公式なMCSと非公式なMCSのバランスの取り方については，MCSの適用プロセスに着目する研究がその関心を有する。そこで次に，組織の成長・衰退とMCSの適用プロセスに着目する研究を概観する。

(4) 組織の成長・衰退とMCSの適用プロセスに着目する研究

これまで組織の成長・衰退段階において適用するMCSの内容に関する研究の蓄積が進む一方で，MCSの適用プロセスに着目する先行研究は非常に少ない（Davila & Foster, 2008）。ここでは，これらについて概観し，どのような知見が得られてきたのかを整理する。

Cardinal et al.（2004）は，創業から成長を経て，倒産の危機に瀕して，そこから企業再生に至るまでの10年間にわたるプロセスを調査した先駆的な研究である。先行研究では，組織ライフサイクルの各段階とそこで用いられるMCSの関係を調べるが，彼女らはMCSがどのように導入され，進化していくかという変化プロセスを長期的に調査し，何が各種のコントロールの利用を促進するかを検討して，組織の成長段階を次の4つに分類した。それは①経営者を中心とするコミュニケーションからなる非公式コントロールに依存する創設期，②雇用と社会的対応へのガイドラインを示すものの，行動や結果へのコントロールは非公式的であり，組織文化の構築を目指した成長期，③公式な

フォーマットの利用，予算や行動計画，業務記述書といった公式化が行われた公式期，④外部からの経営専門家を雇用して公式的なシステムと社会的なコミュニケーションの両方を用いる再均衡期である。コントロール要素の変化を促進させるものとして，公式コントロールと非公式コントロールの不均衡さに着目し，不均衡を再び均衡させるようにMCSは動的に変化する振り子のプロセスであると捉えた。MCSを再均衡させる手法として，消去，追加，修正，代替，再稼働の5種類を提示した。彼女らの研究の特筆すべき点は2点ある。第1に，組織ライフサイクルの変化について，長期的な変化プロセスを検討したことである。第2に，組織の危機から企業再生期にどのような変化があったのかについて，そのプロセスを明らかにしたことである。

多角化期，衰退期における管理会計の導入によって企業再生を果たすことについて，アクションリサーチに基づき事例研究を行い，中小企業再生における管理会計の導入の阻害要因と促進要因を検討したのが，稲垣（2010）である。管理会計導入の阻害要因としては，経営者の財務に対する意識不足，財務，経理に関する会計スタッフの欠如と会計事務所の管理会計に関する知識の欠如があった。また，中小企業の場合には，同族で経理財務を統括しているので，従業員に情報開示することに抵抗感があり，高度な管理会計システムの構築を困難にしていた。管理会計導入の促進要因としては，金融機関からの経理部長の招聘，会計事務所の交代といった外部からの支援がある。そして，経営者による管理会計に対する理解により，管理会計上の情報が取得され，金融機関に対する信頼により情報活用の促進が進むことが示された。外部からの支援による管理会計システムの導入は企業再生の成功の必要条件として位置づけられ，さらにその後に組織内での管理会計情報が有効に活用されることがより重要であると示された。

企業再生とMCSをテーマとする先行研究以外では，中小企業におけるMCSの適用プロセスを検討するもの（Perren & Grant, 2000; Collier, 2005; Granulund & Taipaleenmaki, 2005）がある。

Granulund & Taipaleenmaki（2005）は，バイオ産業やIT産業のような新し

い産業に属するスタートアップ企業8社における管理会計システムの役割を検討する。急成長に直面し，会計の機能に対する経営者の関心が少なく，ベンチャーキャピタルのような外部の影響がある企業においては，基本的に会計機能に関する十分な資源をもたず，初期には記帳業務を外注している。組織が成長するにつれて予算が最初に導入されるが，より高度な会計システムは将来の成功を望む企業にだけ使われていた。通常管理会計の中心となる製品別や顧客別の原価分析や利益分析は，短期的な急成長を追求するなかで軽視された。同様に，短期的な事前の計画管理に注目が集まる一方で，事後管理は軽視されていた。また，彼らは，管理会計システムの発展に対するベンチャーキャピタルの有用性を明らかにした。すなわち，ベンチャーキャピタルが，企業のMCSの洗練と事業における注力ポイントを企業に要求することで，組織ライフサイクルの段階に応じたMCSの進展を促進することを示唆した。

　Collier（2005）は，あるオーストラリア企業への10年間の長期的な事例研究から，非公式コントロールの進化を検討し，企業家がいかに会計担当者の雇用に遅れ，問題が生じるかを報告する。会計担当者は，成長企業に多くのコントロールを求め，官僚主義を持ち込もうとするが，企業家からの抵抗にあう。企業家はむしろ，半ば強制的であるが業務外での旅行や自宅でのバーベキューといった社会的な時間を通じて情報交換をし，意思決定を行いたいのである。この社会的コントロールを中心として経営を行う問題は，企業家個人に依存してしまうことであり，120名以上を超える従業員でも，同じ手法が通用しない可能性があることである。

　Perren & Grant（2000）は，23名以下の中小企業の管理会計システムの社会的な成立を研究する。彼らは，社会構築主義的立場にたち，社会環境に対する合理的実践の外観を望む企業を正当化する社会的所産として管理会計システムを捉え，機能主義的な考えというよりも共通の意味づけを作り出すものと捉える。中小企業において，管理会計システムとしての情報共有やモニタリングは主要機能ではなく，個人的な意思決定や会計規制への対応で使われる。彼らは，管理会計システムを，他の従業員の過去の経験，会計経験とソフトに埋め

込まれた知識からなる，経営者が設定する会計の小世界であると捉え，中小企業における会計の役割を別の側面から導き出した。

MCSの適用プロセスに注目する研究では，どのようにしてMCSが変化して，それがどのように組織に影響を与えるのかという変化プロセスについて研究関心を有する。ここで取り上げた研究は，いずれも中小企業を対象にしたものであり，公式のMCSの導入により，組織の成長を促進する場合もあれば，阻害する要因ともなることが明らかにされている。また，会計のもつ計算機能だけでなく，正当化のための社会的な役割としても，管理会計が理解されている。

(5) 組織の成長・衰退に対するMCSの適用に対する2つのアプローチの比較

Van de Ven & Poole (1995, 2005) は，組織がどのように変化するか，またその変化に対してどのようなコントロールを用いるかについて，合目的に一定の規則をもって変化すると捉えるライフサイクル・アプローチおよび目的論的なアプローチ（以下では「組織ライフサイクル・アプローチ」という）か，あるいは，弁証法的，進化論的に変化するかというアプローチ（以下では「進化論的アプローチ」という）に分類する。前者は，組織がたどる諸段階が規則正しく変化するとしており，望ましい目標状態およびそれを達成するための代替案の選択方法が目的に合致するように構築されることを前提としている。後者の弁証法的な変化とは，対立する利害の間の争いから生じるものであり，これらの間の力関係の結果として安定が生じる。また，進化論的な変化とは，変異（無作為抽出），淘汰（生存），および保持（慣性と持続）の循環的・累積的・確率的な進展である。

組織の成長・衰退とMCSの変化について鍵となる理論的なテーマは，MCSの変化は，危機に対応するようにして生じる決定的なものか（Greiner, 1972, 1998），必ずしも組織ライフサイクルのフレームワークどおりに組織は成長せず，進化論的に変化するかである（Cardinal et al. 2004; Granlund & Taipaleenmaki, 2005; Davila & Foster, 2008）。つまり，MCSの変化は急進的で非連続的なもの

なのか，それとも漸進的で連続的なものなのかである（Chenhall, 2005）。

　組織ライフサイクル・アプローチは，MCSが組織ライフサイクルに沿って変化することを前提としており，変化の要因には，組織の危機があると考えられてきた（Greiner, 1972）。理論モデルについての経験的な検証が行われてきた結果として，理論的な枠組みが一定程度支持される一方，理論的な枠組みでは説明されない事象がコンティンジェンシー・アプローチ，変化プロセスに着目する研究の両方によって示されてきた。たとえば，小売業では初期段階から基本的なMCSが導入されていること（Sandino, 2007），MCSの導入は，多様な目的，理由で行われること（Davila et al., 2009），特にベンチャーキャピタルの存在がMCSの構築に影響を与えること（Granulund & Taipaleenmaki, 2005; Davila & Foster, 2007; Silvola, 2008）が指摘されてきた。また，組織ライフサイクルの枠組みでは，組織の規模が拡大すれば必要な情報量は高まると考えられているが（Greiner, 1972; Miller & Friesen, 1983），不調時こそ情報量が必要になることや（Silvola, 2008），急成長をとげる場合には会計情報が軽視される（Granulund & Taipaleenmaki, 2005）ことが明らかになってきた。さらに，一般的な組織ライフサイクルの枠組みでは，組織の成長に伴い合目的にMCSは変化していくと捉えているが，組織の規模は大きな変化はなくても，組織内の公式コントロールと非公式コントロールの不均衡を修正する形でMCSが変化していくように弁証法的に捉えられる経験的な研究が示された（Cardinal et al., 2004）。

　Granlund & Taipaleenmaki（2005）が主張するようにすべての業種，企業をMiller & Friesenのモデルのような組織ライフサイクル・アプローチに当てはめて分析することが必ずしも妥当ではない場合もある。これに対して，必ずしも大企業を前提とせずに既存の組織ライフサイクル・アプローチを適用する研究と（Moores & Yuen, 2001），進化論的アプローチの考えをとりつつも，何らかの形で組織ライフサイクルの段階を設定する研究があり（Cardinal et al., 2004; Granlund & Taipaleenmaki, 2005）。いずれにせよ，先行研究では，何らかの組織ライフサイクルの段階を設定してきた。結論からすれば，必ずし

も組織ライフサイクル・アプローチのように発展するわけではないし，MCSの変化は急進的で非連続的な場合もあれば，MCSの変化は漸進的で連続的な場合もあるということである。

研究スタイルの違いとして，MCSの内容に着目する研究では，各組織ライフサイクルにおけるMCSの特徴を明らかにすることに長けている。そして，変化プロセスに着目するアプローチによれば，ライフサイクルの段階の移行におけるMCSの変化プロセスを明らかにすることに長けている。当初はコンティンジェンシー・アプローチによる研究が中心であったが，今後は，動的なプロセスを明らかにする研究がより必要とされている（Davila & Foster, 2008）。

また，MCS研究における重要な側面の1つは，MCSが採用されるのは，外的および内的な障害への対応が漸進的であれ急進的であれ，それが合理的なアプローチだからではなく，管理者がそれを強要されるからであるとか，どこかで生じたMCSの発展を模倣するからであるといったことに関する命題である（Chenhall, 2005）。さらに，新しいMCSが，他の管理手法の流行と同じように，取り上げられたり捨てられたりすることがある，ということである。この強要や模倣という理由によるMCSの採用を，制度理論によって示そうとする会計研究者もいる（Ansari & Euske, 1987；Malmi, 1999；Granlund, 2001）。外部利害関係者に対して合理的に映るからMCSを採用している，ということを示す研究もみられ，外部との相互作用に着目する研究の可能性が示唆されている。

2.3. ビジネス・エコシステムからの視座

(1) 組織間管理会計研究の動向

組織間管理会計の議論は，サプライチェーン上にすでにある垂直的なバイヤー・サプライヤー関係に焦点が当てられてきた（Groot & Merchant, 2000;

Chalos & O'Connor, 2004)。他方で,戦略的提携関係の構築,外注関係の構築といった領域も研究されている (Seal et al., 1999; Van der Meer-Kooistra & Vosselman, 2000; Mouritsen et al., 2001; Langfield-Smith & Smith, 2003; Dekker, 2004)。

緊密で長期的な協調関係においては,オープンブック会計や,原価企画,組織間コストマネジメント,バリューチェーン会計,統合情報システム,総所有コスト,非財務尺度による測定,情報管理技法といった多くの組織間管理会計技法が関係する (Munday, 1992; Carr & Ng, 1995; Mouritsen et al., 2001; Dekker, 2003; 木村, 2003; Cooper & Slagmulder, 2004; Kajüter & Kulmala, 2005)。

組織間関係における情報共有により,相互の新しい関係の構築を通じて,原価改善や原価低減が促進される (Håkansson & Lind, 2006)。また,Mouritsen et al. (2001) は,組織間コントロールのために導入されたオープンブック会計が,組織間関係のコントロールだけでなく,組織内の新たなコア・コンピタンスの創出に影響を与えたことを明らかにし,会計が組織内外に影響を与えることを指摘する。

組織間関係における会計コントロールに加えて,組織間関係の経験的研究における共通の課題の1つは,会計と信頼構築に関する議論である (Munday, 1992; Carr & Ng, 1995; Gietzmann, 1996; Van der Meer-Kooistra & Vosselman, 2000; Mouritsen et al., 2001; Dekker, 2003, 2004; Langfield-Smith & Smith, 2003; Cooper & Slagmulder, 2004; Kajüter & Kulmara, 2005)。オープンブック会計,バリューチェーン会計,原価企画のように,企業が情報を一方的あるいは相互に開示する会計実践は,信頼構築プロセスを支援しうる。しかし,組織間関係の会計実践は,相手方が開示情報を誤用すれば,緊密な関係を破壊しうる。

ネットワークは,これまでそれほど調査対象にならなかったが,ビジネス・エコシステムのようなネットワーク関係を検討する実証研究が行われ始めている (Håkansson & Lind, 2004; Kajüter & Kulmala, 2005; Cuganesan & Lee, 2006; Mourtsen & Thrane, 2006; Chua & Mahama, 2007; Thrane, 2007)。

(2) ビジネス・エコシステムの概要

　組織間関係を2者間だけではなく，ネットワークから捉えるための1つの視座として，ビジネス・エコシステムという観点から捉えようとする研究がある。エコシステムという概念は，組織生態学の研究（Hannan & Freeman, 1977, 1989）で適用されていた。その後，Moore（1993）によって伝統的な産業の枠組みを超えて，産業をまたがった境界における競争の様子を表す際の有効なメタファーとして，ビジネス・エコシステムという概念が用いられるようになった。Iansiti & Levien（2004）では，ビジネス・エコシステムの特徴として次の3つを提示する。それは，①多数の緩やかに結びついた参加者たちが共同の発展と生き残りを目的としたネットワークから形成されている，②各企業の健康とパフォーマンスはエコシステム全体の健康とパフォーマンスに依存する，③種は自分たちの内部能力と残りのエコシステムとの複雑な相互作用に同時に影響されるということである。エコシステムが健全であれば個々の種は生き残ることができるが，不健全であれば個々の種は厳しい運命に直面する。

　ビジネス・エコシステムから全体を捉えることで，個々のプレイヤーの戦略だけでなく，全体論的な戦略観を捉えることを目指す（Iansiti & Levien, 2004）。戦略様式の種類として，キー・ストーン，支配者，ニッチの3つの立ち位置を考える。キー・ストーン戦略と支配的戦略は，ビジネスネットワークの重要なハブを占拠している企業によって展開される。キー・ストーン戦略は，エコシステムを創出して調整するが，それは主として，エコシステムのイノベーションとオペレーションをなすプラットフォームを広げることで成立する。支配的戦略は，エコシステムのメンバーなどの資産を吸い上げ，支配者自らの内部オペレーションに統合しようとする。ニッチ戦略は，エコシステムの大半を占める他の多数の企業によって展開される。ニッチ戦略を追求するこれらの企業は，自社独自の能力に集中することで差異化しつつ，他者の提供する重要な資産を活用しようとする。

　Porter（1985）の戦略的ポジショニングに関する議論では，競争戦略の選択

は，産業のもつ長期的な収益性の潜在力と，その産業内での相対的な収益性の決定要因という2つの要因によって決められるものと考える。企業は，産業要因に対応しなければならず，自らに有利なようにその条件を形成することもできる。それにもかかわらず，産業内のダイナミクスの議論までは視野におかれなかった。ここでいう競争要因とは，新規の競合他社の参入，代替品の脅威，買い手の交渉力，サプライヤーの競争力，既存企業間の競争の5つである。この5つの要因に対処するためには，企業はその産業内での効果的な戦略的ポジショニングによって，持続可能な競争戦略を構築しなければならない。それを達成するのは，広範囲の産業セグメントにわたる，もしくは狭いセグメントに「集中化」された，「製品差別化」もしくは「コスト・リーダーシップ」である。

一方で，Prahalad & Hamel（1990）の資源ベースの戦略論は，企業とその外部のエコシステムとの関係性ではなく，企業の内部能力とビジネスモデルの発展に焦点を当てている。社内のコンピタンスを重視する従来の戦略モデルでは，ビジネス・エコシステムのダイナミクスを捉えることができない（Iansiti & Levien, 2004）。資源ベースの戦略論は，企業が内部のコア・コンピタンスによっていかに差別化していくかを論じており，その外部環境における脅威の認識は，次世代技術や，自社の内部資産や能力を陳腐化させる新しいビジネスモデルの出現であると考えているためである。

エコシステムのメタファーを用いることで，生物学上のエコシステムが，鮮明なイメージを喚起し使いやすい用語であるのと同時に，複数の企業が演じるさまざまな役割の特徴についてわかりやすい洞察を与える（Iansiti & Levien, 2004）。これらのエコシステムにおけるメンバーの生産性と安定性と革新性は，根本的な部分でキー・ストーンの行為と結びついている。

地域経済をビジネス・エコシステムとして考える場合には，地域金融機関には地域経済で中心的な役割を果たし（家森，2006），コンサルティング機能やビジネス・マッチング機能が期待されている（金融庁，2003）。したがって，金融機関が地域経済におけるキー・ストーンの役割を果たす。金融機関をキー・ストーンとして，企業，会計専門家がニッチ戦略をとるプレイヤーとし

て存在する。その他には，中小企業再生支援協議会や保証協会といったプレイヤーが存在する。ここでは，地域経済をビジネス・エコシステムとして捉えることの背景について言及する。

　前述のとおり，日本経済は，高度成長期を経て，右肩上がりの経済成長を経験し，その後は低成長時代に入り，今後は以前のような成長率は期待されず，むしろゆるやかな右肩下がりさえ想定されている。右肩上がりの経済成長のもとでは，個別企業の売上が伸びて，組織の規模は拡大してきた。多少のムダがあったとしても全社的に利益が出ていれば経営管理上の大きな問題とはならず，組織の危機とはなりにくい時代背景があった。高度経済成長期が終焉し，従来の主要産業が衰退していくなかで，個別企業の売上が右肩下がりになり，やがて赤字を計上し，企業経営に行き詰まったときに，組織的な問題が露見し始める。再生企業においては，財務デュー・ディリジェンスや事業デュー・ディリジェンスを行って現状把握し，セグメント別損益計算に基づいて事業の選択と集中を行い，企業再生計画を策定する。企業存続のための重要なプロセスを自社内ですべて行うことができないため，外部の金融機関や会計専門家の支援が必要となる。

　地域金融機関において貸出先を維持するためには，顧客を維持していかなければならない。企業再生にあたっては，貸出先の状況をよく知り，経営上の適切な助言を行い，企業に存続してもらう必要がある。より複雑な場合には，会計専門家の力を借りていかなければならない。貸出しにあたっての投資意思決定は，顧客が作成した再生計画に基づき，意思決定の事後モニタリングは，顧客の決算書により行われる，その情報の信頼性が決定的に重要となる。

　大手の監査法人は別にして，税理士をはじめとする会計専門家は，中小企業や個人事業主を顧客として，決算処理や税務申告を行うビジネスを展開してきた（Marriott & Marriott, 2000）。開業率よりも廃業率が高まっている昨今では（亀澤, 2008），新規の顧客を獲得する機会は減少してきており，顧客数をなかなか確保できないなかで業界の市場が縮小する状況に直面している。そこで，会計専門家に求められる業務としては，税務会計，財務会計だけでなく，企業

の実態把握や計画策定の支援業務を行う管理会計にも重点が置かれるようになってきた（Marriott & Marriott, 2000）。企業の支援は，自ら進んで行うだけでなく，企業や金融機関の要請によることが多い。企業再生の支援に成功し，金融機関からの信頼が高まれば，会計専門家の価値が高まるだけでなく，顧客が増える可能性もある。このように，会計専門家の事業機会は，外部環境に大きく依存している。

　企業再生は企業，金融機関，会計専門家だけではなく，企業再生融資に関する制度のもと，信用保証協会，中小企業再生支援協議会といった公的機関も関与する一連のネットワークから構成されるものであり，地域経済というビジネス・エコシステムである。これらのプレイヤーが単独でビジネスを行っていると捉えるよりも，金融機関をキー・ストーンにして，個々のプレイヤーがそれぞれ相互依存して共存しているというビジネス・エコシステムとして捉えることにより，個々のMCSの動的な変化を捉えることができると本書では考える。

(3)　ビジネス・エコシステムと管理会計研究

　ここでは，組織間を2者間としてだけではなく，ネットワークとして捉えて，ネットワークにおける管理会計の役割を検討する研究について概観する。

　まず，Tomkins (2001) では，企業を，緊密な取引関係と，アームスレングスの取引関係の組み合わせのなかで，相互につながった大きなネットワークの一部を構成するものと考える。いかなる企業も一定程度は他者の制約を受け，ネットワークを所与のものとしなければならないが，2者間の交渉の結果により，個々の関係やビジネス・エコシステムそのものに影響を与えうる。したがって，企業は自己の目的の達成のために取引先との相互作用の影響を考え，また，ネットワーク全体のポートフォリオについても考慮にいれる必要がある。いいかえると，企業はビジネス・エコシステムにおける重要な取引先によってもたらされる意思決定の結果を捉えることに集中しなければならない。

　Håkansson & Lind (2004) は，同様の観点からスウェーデンのエリクソン社とテリア社における事業ユニット間関係についての事例研究を行い，ビジネ

ス・エコシステムの構築における会計の役割を分析する。責任会計，予算管理，業績評価システムといった管理会計技法により，参加者のアカウンタビリティを包含する形で新しいビジネス形態が構築された。会計は，参加企業の調整を行うための解決策というよりも，解決策を継続的に適用するプロセスを促進する基盤となった。

　Chua & Mahama（2007）は，オーストラリアの電話キャリアの戦略的提携を対象にして，企業間提携における会計コントロールがもたらす効果を分析する。組織間のMCSが秩序の維持をもたらすだけでなく，曖昧さや論争をも同時に生み出すことを，フィールドスタディにより明らかにした。また，会計コントロールは，社会的に構成されるアイデンティティや意味の媒介となる。たとえば，原価統制の欠如により，組織が未熟であるというようなイメージの構築を支援することが示された。

　Mourtsen & Thrane（2006）は，デンマークの通信，コンサルティング，ITの異なる3つの産業におけるネットワーク組織において，会計やMCSが組織間関係に与える影響を検討する。振替価格やネットワークの中核組織に対する手数料，パートナーの選別は，ネットワークの相互作用を促進する自己統制メカニズムとして機能し，技術マップのようなパートナー選別のためのマネジメントシステムは，共通の目的をもつネットワークの発展を調整するメカニズムとして機能することを明らかにした。

　続いて，Thrane（2007）は，Mourtsen & Thrane（2006）と同じデンマークのコンサルティングネットワークを対象にして，ネットワークにおける複雑な組織間システムの変化に対して，会計の果たす役割を検討する。組織間システムが2つの異なる階層的ネットワークと組織の形をもたないネットワーク間の変動状況を記述し，組織間システムを一貫性のないシステムとして捉え，パートナー間の相互作用の成果により，ネットワーク間の変動があることを指摘した。

　Håkansson & Lind（2006）は，ビジネス・エコシステムの観点から研究することの特徴を次のように整理し，ビジネス・エコシステムから捉える管理会

計研究の必要性を述べる。会計システムの進展は企業内のみで得られるだけなく，特定の関心を共有する他企業，金融機関，証券市場，政府自治体のような他の組織と企業の相互作用を通じてもたらされる。会計はまた，より大きな社会が広い文脈で企業の役割と位置づけを公式化しようとする状況において，法律や規制によって影響を受ける。

ネットワーク関係に着目する場合の重要な課題の1つとして，複数組織の関係はいかに大きな構造に統合された部分になるように構築されるのかであり，また別の重要な課題として，他の関係の変化がいかに，自己の組織で適応することにより調和するのかという相互作用に関する問題がある（Håkansson & Lind, 2006）。

そして，より大きな組織構造の一部として関係をみる場合には，会計は新しい局面を迎える。会計システムは，組織デザインと組織行為に多くの間接的な影響を及ぼすが，どのように影響を及ぼすのかについての問題があり，今後さらなる研究が必要とされている。

2.4. 企業再生における鍵概念の整理

本節では，企業再生で重要な論点となる，信頼構築の議論，意識改革の議論，組織間コラボレーションによる計画策定，オープンブック会計をはじめとする管理会計技法に関する先行研究について概観する。これらは，ビジネス・エコシステムから企業再生を論じる際の各論となる。

(1) 組織間の信頼構築

組織間関係のうち2者間関係に着目する文献において管理会計と信頼に関する議論が行われてきた（Gietzmann, 1996; Van der Meer-Kooistra & Vosselman, 2000; Tomkins, 2001; Dekker, 2003, 2004; Langfield-Smith & Smith, 2003;

Cooper & Slugmulder, 2004; 坂口, 2005; 大浦, 2006)。従来研究では，取引コストの経済学の議論（Williamson, 1975, 1985）に従いながら，その限界を克服する形で信頼概念を利用されてきた。長期的なバイヤー・サプライヤー間において，信頼はコントロールを代替あるいは補完するものとして理解され，情報共有と同様に，信頼関係は不確実性を下げるものと考えられてきた（Tomkins, 2001）。

信頼は，たとえば真鍋・延岡（2003, 54）によると「信頼対象が，自らにとって肯定的な役割を遂行する能力と意図に対する期待」であり，信頼の対象のもつ意図と能力の両方を包含する場合が多い（Andaleeb, 1992; 山岸, 1998）。管理会計の先行研究において，多く利用されてきた信頼概念としてSako（1992）がある（Gietzmann, 1996; Van der Meer-Kooistra & Vosselman, 2000; Langfield Smith & Smith, 2003; Cooper & Slugmulder, 2004）。

Sako（1992, 37）によれば，信頼とは「一方の取引相手による，予見可能で受容可能な方法による他方の振る舞いあるいは反応への期待」である。そして，信頼を，双方の取引相手に，約束を守るという普遍的な倫理基準を維持させるという意味での「約束遵守の信頼（contractual trust）」，取引パートナーがその役割を技術力と経営能力から十分に果たすという期待に関する「能力に対する信頼（competence trust）」，より一般的で裁量をもったお互いの非限定的なコミットメントに対する期待に関する「善意による信頼（goodwill trust）」として分類する。善意による信頼に値する人物は，頼りがいのある人物であり，不公平や利益を求めないと同時に積極的に行動するといった思慮分別に富んだ人物でなければならない（Sako, 1992）。

バイヤー・サプライヤー関係と金融機関・企業関係の類似性を指摘するSeal（1998）は，Sako（1992）の信頼概念を金融取引に適用し，潜在的に法的な拘束力をもつ書面があるかどうかにかかわらず双方が約束を守るという約束遵守の信頼，事業上の問題から支払能力が欠如して借入金の返済ができないことにより喪失するのが能力に対する信頼，詳細な指示がなくても金融機関が企業のために活動を行うことが善意による信頼であると捉えている。そして，高レベ

ルの信頼を伴うサプライチェーンにおける1次サプライヤーと同様に，緊密で長期的な関係をもつメインバンクが存在することを示唆する。企業の重要な情報に通じており，企業の考えを定期的に共有するリレーションシップ・バンキングにより，善意による信頼が発揮される。

日本企業のような相互依存の関係が重要視される場合には，約束遵守の信頼，能力に対する信頼，善意による信頼の3種類が同時に存在する（Sako, 1992）。それぞれが，どのように構築されるものと議論されてきたのかについて述べる。

約束遵守の信頼，つまり取り交わした約束が守られるという期待は，社会化と教育によって人々に植え付けられる誠実さと約束を守るという道徳規範に立脚する（酒向, 1998）。究極的には，契約書の有無ではなく，一方の道徳的高潔さに依拠せざるをえないが，景気の上昇時のようにより好ましい状況のほうが満たされやすい。

能力に対する信頼は，市場に存在する能力を購入するか，または能力の育成に投資することにより獲得され，継続的取引を成功させる前提条件となる技術力にアクセスできるようになる（酒向, 1998）。後者の場合には，バイヤーは専門技術者をサプライヤーに派遣するか，あるいはバイヤーとサプライヤーの緊密な共同作業になるかもしれない。日本企業においては，政府の要請と外部市場における技術力のあるサプライヤーの不足という要因が組み合わさった結果，大企業は彼らのサプライヤーへの技術移転を選択した。

能力に対する信頼は，発注企業が主要サプライヤーを監督し援助するサポート要員を継続的に派遣することによって維持される（酒向, 1998）。たとえば，納品が遅れた場合に，バイヤーがサプライヤーとともに原因究明をし，必要に応じて，生産および品質管理について技術的な助言を与える。

善意による信頼が生じる必要条件として，類似した属性を有する人間の集団に共有化された規範的価値観が成立しなければならない（酒向, 1998）。それに加えて，受ける好意と満たす義務との不均衡を絶えず保持する方向に向けられており，その結果として相互の負債が関係を長期に維持する。誰かに貸しを作っておくことが善意による信頼の重要な兆候となる。善意による信頼は，能

力に対する信頼を達成するための高頻度かつ高密度のコミュニケーションによって取引先を選択し，技術的，商業的な情報の開示によって形成される副産物である（Sako, 1992, 244-245）。

　オープンブック会計やバリューチェーン会計，原価企画のように情報共有を行う管理会計実践は，信頼構築の役割を果たすものと考えられてきた（Håkansson & Lind, 2006）。

　Vosselman & van der Meer-Kooistra（2009）は機会主義的な行動を抑止するため公式的な会計制度の利用による表層的信頼（thin trust）の構築と，会計情報を共有して肯定的態度を引き出すことによる深層的信頼（thick trust）の構築があるとし，会計情報の共有が信頼構築のシグナルとしての役割を果たすことを述べている。

　Seal et al.（1999）によれば，約束遵守の信頼と能力に対する信頼がある状況のもとで，善意による信頼が形成され，共通に理解された管理会計技法が共通の振舞いや理解を促進することを述べた。具体的にはサプライチェーンにおける原価情報の共有が，財務上，事業上の目的や制約の学習を促進する中心的な役割を果たしていることを明らかにした。

　同様に，Langfield-Smith & Smith（2003）は，会計情報の収集を通じて能力に対する信頼が形成され，組織間の業績評価尺度の形成とそのコミュニケーションを通じた相互利益を目指すことで善意による信頼が促進されることを述べる。

　また，Tomkins（2001）は，信頼構築において要求される情報が異なることを理論的モデルに基づき分析する。情報共有と信頼構築についてコミットメントが形成され長期的なコミットメントが確立する段階では，期待される価値や活動の詳細に関する情報が非常に多く要求されるが，安定的なコミットメントが生じる段階では期待シグナルや新たな経験に関する情報が限定的に要求されるように逆U字型のグラフとして描けることを説明する。

　長期的で継続的な情報共有プロセスそのものが信頼の構築を引き出すものとして，その共有プロセスを検討するDekker（2003）の事例研究である。彼は，

サプライヤーが慎重に扱う必要がある情報を共有したという事実がバイヤーの意図に対する信頼のシグナルとして働き，他方バイヤーによる機会主義的な行動を行わないことによる互恵的な行為は，この相互信頼の絆を強化することを明らかにした。

組織の危機に対する信頼の役割を検討する研究として，Busco et al. (2006) がある。Busco et al. (2006) は，組織の危機に対する変化プロセスの信頼の源として管理会計が機能することと，同時に，会計のための信頼関係が社会的に構築されることを明らかにし，変化に対する信頼感を生み出すことで，新しい方法に対する信頼感が生み出されることを示した。

他方で，組織間関係の会計実践は，相手方が開示情報を誤用すれば，緊密な関係を破壊しうるため，共有情報の利用には注意しなければならない (Håkansson & Lind, 2006)。まず企業の機密を含む情報を交換することには，機会主義的な行動が引き起こされるリスクがあり (Williamson, 1985; Gietzman, 1996; Dekker, 2003)，取引交渉の材料にされるものと考えれば，情報提供を行わないし，機会主義的な行動が取られることにより，信頼関係は損なわれてしまう。また，公式的な会計や契約による記録やモニタリングによって，双方の義務と成果を正確に表すことで，信頼関係が崩壊することがある (Broadbent et al., 1996)。共同プロジェクトに参加して情報を開示しようという参加者の意図を引き出すためには，公平な分配が行われることが前提とされる必要がある (Seal et al., 1999)。仮に公平な分配が行われなければ，信頼関係が損なわれてしまうことが示唆されている。

従来研究では，信頼が構築されていくプロセスを中心に議論されてきたが，一度崩壊した信頼関係がどのようにして再構築されるのかに関して，これまで十分に議論されているとはいえない。

(2) 経営者の意識改革

ビジネス・エコシステムから捉える企業再生において信頼関係の構築と関連する重要な概念に，経営者の意識改革がある。ここでは，経営者の意図や思い

といわれる経営者意識と，会計計画と行動計画である事業計画からなる経営計画との関係が，規範的研究でどのように取り扱われてきたのかについて整理する。

規範的な研究では，計画策定学派，計画プロセス学派の両者によっても，トップダウン方式，ボトムアップ方式，ミドル・アップダウン方式のいずれであっても，適切な目標が設定され，計画・実行されることが前提とされる（Mintzberg, 1994）。現実の経営者には適切な目標や十分な実行意欲をもたない場合がありえるが，これらについて既存研究では十分に考慮されてこなかった（Mitchell & Reid, 2000）。ここでは，経営者意識を経営者の資質の重要な要素として捉えて議論を進める。

会計情報は財務諸表によって伝達される貨幣の姿をした企業活動のメッセージといわれる（上總, 1993, 10）。この企業活動と会計情報との間には一定の関係が存在しており，社会的かつ人為的に約束された表現規則であり，企業活動に対する経営者の思考がそのまま会計情報として生産されるように取り決められる。このため，現地と地図とは直接的な対応関係があるのに対して，企業活動と会計情報とは，経営者の思考を媒介とした間接的な対応関係が存在するだけである（高寺, 1967, 8-9）。

経営計画における事業計画と会計計画の関係についても，企業活動と会計情報との関係であるため，間接的な対応関係を有している。たとえば，長期経営計画の立案プロセスにおいて，活動計画である長期事業計画の策定と同時に長期利益計画が設定される。この長期利益計画は，長期事業計画の「貨幣的表現であるとともに，トップ・マネジメントの強い意思表示でもある」（上總, 1993, 92）。

経営者の意思は，ほかに「意志」，「意図」，「思い」，「魂」などと表現されるが，本書では経営者意識として整理する。それには，企業がどうありたいかという経営理念，将来どのようになりたいかという将来願望（ビジョン），将来願望を達成しようとする実行意欲がある[1]。たとえば，京セラのアメーバ経営では，中期経営計画に相当する3カ年ローリングプランとともにより精度の高

い1年間の計画がマスタープランとして作成される。マスタープランは，具体的な事業計画のもと，月別の具体的な数字で表されなければならず，「『この1年間どのような経営をしたいのか』というリーダーの意志を示すもの」（稲盛, 2006, 213）である。これは，将来にどうなりたいかという将来願望のことであるといえる。次に，「設定された目標を何としても達成していくためには，どんな困難が立ちはだかっていようとも『絶対に目標を達成する』という強い意志と使命感が必要になる」（稲盛, 2006, 216）。この将来願望を達成するための意志が，本書でいう実行意欲のことである[2]。

　一般的な経営計画の策定プロセスにおける経営者意識と経営計画の関係について，先に述べた将来願望，実行意欲，事業計画，会計計画を用いて次のように表現される。経営者は将来願望を事業計画として具体化し，それを同時に会計計画として表現する。将来計画を達成するためには，経営者と従業員の実行意欲が極めて重要となる。経営者意識と経営計画の関係，また事業計画と会計計画の関係について，大企業のもとでは，一定の関係が成立することを前提として論じられてきた（たとえば上總, 1993）。

　しかし，企業再生が必要になるような中小企業の特質を踏まえると，経営者意識と経営計画の関係は上述のような関係を必ずしも期待できない。もとより間接金融が中心であった日本において，金融機関によるハンズオン経営の実務はメインバンク制として以前から知られているところである（Sheard, 1989）。管理会計についても，割増回収期間法を用いて「企業の経営システム（投資決定プロセス）の一部を銀行が担当」しており，中小「企業と銀行との二人三脚」（上總, 2003, 19）により経営が行われてきた。中小企業と金融機関の二人三脚の経営のもとにおける企業再生は，企業の経営計画の策定・実行と，金融機関による企業再生の意思決定・事後モニタリングの2つの側面をもつ。再生企業は今の経営体制の維持を図りたい，借入金の圧縮を行いたいといったことなどを考えるが，金融機関はたとえば貸付債権の処理に伴って生じるかもしれない損失を最小化したいと考えるように，両者の意識は異なる（穂刈, 2008, 12-16）。

倒産に至る要因として中小企業においては，必ずしも経営者の計画策定・実行能力が平均的にあり，経営者が経営者意識を必要十分にもっているとは限らないことがあげられる（越,2003）。一般的にいわれることは，自社の経営実態を十分に把握できておらず，また，自己の将来願望を経営計画に置きかえることに不得手である経営者が少なからず存在するということである。そのような経営者は，外部のコンサルタント，会計専門家や金融機関の支援を受けて，まず，財務デュー・ディリジェンスや事業デュー・ディリジェンスによって実態を把握し，その上で経営計画の策定を行っていくこととなる（穂刈,2008; 伊藤,2009）。

　専門家の支援を受けて経営者が自己の将来願望を経営計画に置き換えることができた場合でも，もとより借入金の返済が困難になっている状況で，自己の夢を求めて，また捲土重来を期して再生計画を作成すると，実行可能性の低い経営計画を作成する可能性がある。これに対して，金融機関が再生企業の実態に応じて返済の可能性を考慮する場合には，債務返済を繰り延べるリスケジューリングを通じて返済期間を延ばし，経営計画を現実妥当的なものへ修正するように要請することがある。金融機関の期待よりも積極的な将来願望をもつ経営者によって策定される経営計画が修正される場合において，どのように経営計画と経営者の将来願望を現実的なものに誘導するのか。また，実行意欲が十分でない経営者にどのようにして，実行意欲を喚起するのか。企業再生という文脈においてこれらの問題については，先行研究では十分に検討されていない課題である。

(3) 組織間コラボレーションによる計画策定

　管理会計プロセスは，中期経営計画，短期経営計画，年次予算を中心とする計画を策定し，それを統制することである。計画は業績向上に寄与するものと規範的には考えられているが，不安定な経済環境のもとでは，むしろ計画が柔軟な行動の妨げになる可能性がある（Andersen, 2000）。では，誰がその計画策定に関与するのか，また計画は業績向上に寄与しているか。ここではこれら

に関する先行研究を整理する。

　従来の管理会計研究では，産業革命以後の経済成長とともに大企業をモデルとして研究蓄積が行われてきた。管理会計の発展の歴史を紐解くと，計画書として文章化されるかは別として，単純な小規模組織における計画の担い手は，もともと経営者であった（上總, 1989, 101）。

　中小零細企業をみれば，典型的な中小企業には簿記システムはあるが，経営者が頭の中で考えて意思決定を行っている場合が多く，経営者の能力および管理会計担当者の能力に限界がある（Merchant & Ferreira, 1985; Marriott & Marriott, 2000）。小規模組織における統制は，会計数値といった目標が与えられて行われるというよりは，経営者の考えが従業員に直接に伝えられ，何をするかが経営者から指示されることで成立する（澤邉・飛田, 2009）。

　市場環境の変化が激しく将来予測が困難な状況において，戦略計画はよりいっそう重要であり（Porter, 1985），戦略計画の策定と実行における情報を提供する担い手が，CFO，コントローラーを中心とする管理会計担当者である（Baxter & Chua, 2008）。戦略計画の策定プロセスでは，経営者が描いた将来願望を明快な言葉に言語化，数値化し，具体的な行動計画に落とし込み，環境変化が業績に及ぼす影響を考える戦略プログラミングが行われる（Mintzberg, 1994）。戦略計画は，コミュニケーションを通じて組織内の全員を一方向へと向ける調整機能を果たし，従業員を管理する手段となるが，Mintzberg（1994）はとりわけ戦略プログラミングにおける戦略計画担当者の重要な役割として，①戦略の発見者の役割，②分析者の役割，③触媒の役割の3つを述べる。

　①戦略の発見者としての役割は，創発してきたパターンに気付いて，すでに実現されたパターンを理解するために行動を解釈し，明確化することである。②分析者の役割としては，社外環境の戦略的な分析，社内環境の戦略的な分析とシミュレーションの役割，当初に意図された戦略の精査と評価を行うことがある。これは，分析的なビジネススキル，コンサルティング機能，支援業務のための財務情報の提供，そして戦略的代替案のアドバイス（Sathe, 1983; Mouritsen, 1996; Granlund & Lukka, 1998）が管理会計担当者に求められてい

ることに対応する。③触媒の役割は，意思決定者に，計画作成方法に関する情報を提供することを通じて行われる。具体的には，計画担当者が管理者へ質問することを通じて管理者に戦略的思考を行わせ，プログラム化されていない管理者の思考を計画書に取り込んで，計画書を実行することで公式化していく。これを達成するためには，さまざまな意図をもつ管理者をまとめていくことが求められる。そのため，管理会計担当者としての調整能力や政治的な能力（Sathe, 1983）が触媒としての役割を発揮するためには必要である。たとえば，Fay et al. (2010) は戦略計画，予算における抽象的現実としての会計数字と実践から生じる苦痛，喜び，痛み，不安が，解釈，議論，交渉，同意，不調和の原因となっており，管理会計担当者がそれを認識したうえで，認識の異なる上級管理者と中級管理者との間の調整役の役割を果たしていることを示す。これらは，単一の企業グループを想定し，いわゆる大企業を前提として議論されてきた（Mintzberg, 1994）。

次に戦略計画と業績の関係に関する議論では，戦略計画の策定・実行を通じて多様な役割が計画担当者に期待されており，戦略計画は収益性に正の影響を与えるものとして1960年代以降研究がなされてきた（Pearce et al., 1987）。他方で，戦略計画が不安定な環境のもとで柔軟な対応を阻害するため業績に負の影響を与えるという研究結果も示されている（たとえば，Andersen, 2000）。多様な結果の要因については，①計画数値と実行計画が不整合であること，②研究方法上で文脈的な影響を無視していること，③不適格な測定技術に基づくもの等であると分析される（Pearce et al., 1987）。

①実行計画については，Andersen (2000) の指摘のように，環境変化が激しい状況において，計画数値と実行計画にずれが生じるが，管理者が自律的に行動できない場合には，その修正ができない可能性がある。②文脈的な影響に関しては，Brock et al. (2000) が，多国籍企業における文化的な違いにより，子会社が戦略的計画に抵抗する場合を示す。③測定技術についていうと，Peel & Bridge (1998) は，収益のような会計指標を利用することが多様性をもたらす要因であると主張する。

特に中小企業という文脈を考慮すると，Bracker & Pearson（1986）が観察するように，①会計データの均質性の欠如，②中小企業におけるデータが入手できないという2つの固有の測定技術に関する問題がある。経営者が自分の頭の中で計算し計画している場合もあるだろうが，適切かつ十分な情報がなければ，公式的な戦略計画の策定と実行への障害となり，収益面に負の影響を与えると考えられる。また，中小企業においては，公式的な戦略計画を策定し，実行する担当者が必ずしもいるとは限らない（Merchant & Ferreira, 1985; Marriott & Marriott, 2000）。前述のとおり中小企業においては，投資経済計算プロセスにおいて一部を銀行が担当しており，中小企業と銀行との二人三脚により経営が行われてきた。

このように，中小企業の実抜計画や合実計画の策定と実行において誰が計画策定に関わりどのような役割を果たしているのか，また，中小企業再生で業績に負の影響を与える要素があればどのようなものがあり，外部による計画策定支援がそれらとどのように関係するかは，これまで十分に検討されていない。

(4) 組織間関係と管理会計技法

緊密で長期的な協調関係においては，オープンブック会計や，原価企画，組織間コストマネジメント，バリューチェーン会計，統合情報システム，総所有コスト，非財務尺度による測定，情報管理手法といった多くの組織間管理会計技法が関係する。組織間関係における情報共有をして，相互の新しい関係の構築を通じて，原価改善や原価低減を支援することが報告されている（Håkansson & Lind, 2006）。

企業再生のような金融機関を中心とするビジネス・エコシステムで関係する会計手法の1つがオープンブック会計である。オープンブック会計は，企業が取引先にコスト情報を中心とする詳細な会計情報を提供する会計技法であり，元々日本企業で行われている会計実践である（Carr & Ng, 1995）。典型的な原価情報の提供は，強力なバイヤーからサプライヤーに原価状況を要求するものであり（Kajüter & Kulmara, 2005），多くの経験的研究ではサプライヤーから

バイヤーに対する一方向の情報提供に留まるが，双方に有益な関係の構築のための情報提供に関心がもたれている（Munday, 1992; Carr & Ng, 1995; Mouritsen et al., 2001; Dekker, 2003）。

たとえばCarr & Ng（1995）の日産の事例研究では，サプライヤーとの共同により，製造の改善をもたらした。同様に，Cooper & Slagmulder（2004）では，原価企画プロセスにおける情報の共有により，互いの目的に合致する計画を適用することが可能になったことを見いだした。また，Seal et al.（1999）では，サプライチェーンにおける原価情報の共有が，財務上，事業上の目的や制約の学習を促進する中心的な役割を果たしていることを明らかにした。なお，これらが，信頼関係の構築に関連するのは，本章第4節第1項で述べたとおりである。

これまで，組織間関係の管理会計でほとんど議論されてこなかったが，企業再生で重要な会計技法となるのがセグメント別損益計算である。そこで，ここでは，直接原価計算の歴史的展開を踏まえてセグメント別損益計算の基本的な機能についてみておくこととする。

まず，Kohl（1937）は，固定費の回収ができずに営業赤字になっていても，貢献利益が出ている限りは操業すべきであると指摘した。そして，Harris（1946）は直接原価計算によって，プロダクトミックスの決定や価格決定といった製品関連の意思決定問題に役立つCVP分析やセグメント別の貢献分析を行うことを考え，直接原価計算の基本的な機能を指摘した。

1950年代以降に米国で多角化やそれに伴う事業性事業部制が進展するにいたって，事業をセグメントに分割して管理する必要があり，責任会計から直接原価計算の注目が浴びることになった（高橋, 2008）。Neikirk（1951）はセグメント別に損益計算を行い，貢献利益分析とCVP分析を行い，製造部門の責任と販売部門の原価に対する責任を分離することを主張した。その後に，固定費を個別固定費と共通固定費に，またそれぞれを業績評価単位にとって管理可能か管理不能かという観点から分類して，多段階損益計算が発展していった（Shillinglaw, 1957; Horngren, 1962; Solomons, 1965; Marple, 1967）。

May（1957）は，事業部長と事業部の業績評価について，負っている責任に応じた責任会計のもとで業績評価されるべきことを主張した。また，売上高から売上変動原価，事業部販売費をひいた販売マージンは，事業部長やトップの経営者に有用な情報を提供し，たとえば，事業部において，販売の重点をどこにおくのか，製品ミックスをどうするのかといった問題を解決することができる。さらに，Read（1957）は，コミテッド・コストとマネジド・コストの概念を導入して，短期的に管理される固定費と長期的に管理される固定費に分けて，短期的意思決定だけでなく，長期的意思決定に有用な指標も得られるという点を指摘した。

　セグメント別損益計算が行われる理由は，企業規模の拡大に伴い，組織を分割して管理単位を定め分業体制をとり，プロフィットセンターとして権限と責任を負わせて，管理するために行われるものと理解されている（Greiner, 1972; 稲場, 2003; Silvola, 2008）。その重要な目的には，セグメント別に権限と責任を付与し，実績に対して業績評価を行うことがある。また，セグメント別損益計算の結果が事業撤退の意思決定に用いられることは，教科書レベルでよく知られていることである（たとえば櫻井, 2012）。前者の目的については，企業規模の拡大を前提としているが，後者の目的については，必ずしも企業規模の大小を前提とするわけではなく，小規模企業であれば，経営者の頭の中で考えられているものとして，自明視される機能として理解されており，経営を行うための基本的な機能といえる（上總, 1989, 101）。

　従来研究では，組織間管理会計の技法として，オープンブック会計をはじめとする各種の技法が知られているが，上記の機能があるとされるセグメント別損益計算が組織間関係の会計技法としてどのような役割を果たすのか，これまで十分に議論されているとはいえない。

2.5. 本研究の貢献すべき研究領域と研究課題

　近年では管理会計変化に対する注目が集まっており，スタートアップ企業への着目がされるようになってきた（Davila & Foster, 2008）。第1章でみたように再生計画の策定を果たした企業の過半数に管理会計技法が導入されていることから，この点に着目すれば企業の管理会計実践が何らかの形で企業再生に役立っていることが示唆される。企業再生の実践者によれば予算実績管理を基本としたPDCAサイクルの重要性が指摘されている（細川, 2004）。また，中小企業再生と管理会計に関する数少ない研究でいえば，稲垣（2010）によって，中小企業再生における管理会計の導入の阻害要因と促進要因が検討されている。これによると，外部からの支援による管理会計システムの導入は，企業再生の成功の必要条件として位置づけられ，さらにその後組織内での管理会計情報が有効に活用されることがより重要であると示唆されている。

　組織の危機に対するMCSの適用という観点から先行研究では，組織ライフサイクルとMCSの適用に関する研究と，適応プロセスに関する研究が行われてきた。当初はコンティンジェンシー・アプローチにより適用するMCSの内容に関する研究が中心であったが，今後は，動的な適用プロセスを明らかにする研究がより必要とされている（Davila & Foster, 2008）。

　本書では，企業再生における管理会計の役割を検討することを目的とし，外部環境の変化や内部環境の変化にMCSが適応できていない状況において，どのようにMCSを適応させるのか，ビジネス・エコシステムの観点から外部組織との相互作用を通じたMCSの変化プロセスを検討する。

　「地域経済というビジネス・エコシステムにおける，組織間の相互作用が行われるなかで，規範世界と実際の現実世界との乖離を克服するために管理会計はどのような役割を果たすのか」という研究課題に対して，以下の5つを具体

的な課題として検討する。

1．ビジネス・エコシステムとMCS：企業再生プロセスにおいて，ビジネス・エコシステムから捉えることにより，MCSをどのように理解することができるか。
2．信頼の再構築：企業再生プロセスにおいて，金融機関，会計専門家，企業はどのように相互作用を果たして信頼関係は再構築されるのか。
3．経営者の意識改革：企業再生プロセスにおいて，金融機関，会計専門家，企業はどのように相互作用を果たして経営者の意識改革は行われるのか。
4．計画策定者の役割：企業再生プロセスにおいて，金融機関，会計専門家，企業はどのように相互作用して再生計画はより具体的で，達成可能なものとなるように策定されるか。
5．セグメント別損益の役割：企業再生プロセスにおいて，管理会計が果たす役割とはどのようなものか。

次章以降では，フィールド調査から得られた具体的な事例を題材として上記研究課題を検討する。それに先立ち，次章では本書で採用する研究方法について整理する。

●注
1 本書では経営理念を企業の根本的な価値や目標を示したもので，基本的には不変なものとして捉え（Collins & Porras, 1994），将来願望は経営理念を実現するために導き出されたものであり，可変的なものと考える（戸前，2000）。本来は経営理念を含めて議論を行う必要があるが，議論が複雑になることから本書では，将来願望に焦点を絞って議論を進める。また，多様な意味をもつ戦略という用語については，加護野（1989）のように「構想としての戦略」と「具体的なアクションの連鎖としての戦略」と広義に捉え，ビジョンや戦略は抽象度の差の問題であるものとして，議論を進める。
2 この実行意欲は，企業再生においては現場で実行する「戦闘力」（越，2003, 38）や，「命がけで経営に取り組む」（越，2003, 39）姿勢とも表現されている。

第3章

エスノグラフィックな定性的研究

3.1. はじめに

　本章では，本書で採用するエスノグラフィックな定性的研究を概観し，当該研究方法によって期待される研究成果を述べる。本研究では，特定の状況における管理会計実践に焦点を絞り，そのマイクロプロセスに焦点を当てて詳細に理解する（Ahrens & Chapman, 2007）。本研究の1つの特色は，金融機関を対象とする場合に通常は除外される研究方法である参与観察を用いて（Berry et al., 1993），現実に行われている会計実践を確かめるエスノグラフィックな定性的研究を行うことである（Hammersley & Atkinson, 2007; Silverman, 2009）。管理会計研究でエスノグラフィーが採用されることはあまりなく，また定性的研究に関する進め方，理論化の方法について十分な意見の一致をみないのが現状である。そこで，次節ではまず定性的研究のバリエーション，研究の進め方，理論化の方法について概観し，それぞれの特徴を整理したうえで，本書でなぜエスノグラフィーを採用するのかについて述べる。次に，第3節では，本研究の調査概要を述べる。

3.2. 定性的研究の特徴

(1) 解釈主義に基づく事例研究

　管理会計研究には，経済学に基づく分析的研究や，会計理論の規範的な研究を行う理論的あるいは概念的な分析を行うもの，実験室実験，データベースから入手したデータに基づく研究，質問調査に基づく研究，事例研究による経験

的な証拠を直接用いる研究がある[1]。

　そのうち事例研究は，研究対象の実生活を，一定期間，空間的な文脈のもとで実施されること，研究対象に直接，深く関与するといった点から経験的研究であると位置づけられる。その特徴として，研究者自身が主要な研究道具となることがあげられる。典型的には，観察や，インタビュー，内部データの分析といった複数の経験的事実を積み重ねることによって，お互いを支援しあって研究方法のトライアンギュレーションを行う。事例研究は理論的ではないとの批判を受けるが，後述するように，一概に理論的基礎のないものと結論づけられない。事例研究においては，事例の認識が研究の経験的な検証の中心的な対象となる。事例の性質は研究で適用される理論的なフレームワークと整合的である必要がある（Luft & Shields, 2003）。

　定量的研究は，現象を事実や変数として捉え，多数のデータセットから規則を見つけようとする。その規則を確かめるために，可能であれば統計的な手法を用いて検証する。一方で，定性的研究では，実生活の豊かさを捉えることに焦点を当てて（たとえばAhrens & Dent, 1998），事例の特異性を正当に評価し，部分よりも全体を捉えるようにして，主題を変数というよりも人間として取り扱おうとする。しばしば，行為者が展開する主観的な意味づけについて，研究上の問題に関するものであれば，内部者のエミックな観点から焦点を当てる[2]。

　事例研究においては，存在論的な観点からさまざまな哲学的立場をとりうる。真実の存在を前提として，ものごとは発見，分析されるという世界観のもとで，理論公式と知識の蓄積に関する頑強な基礎を前提とするのが，基礎づけ主義の立場である。他方で，ものごとはただそこにあるわけではなく，生み出され，設計され，構築されると捉える社会構築主義の立場がある。この立場では，人は言語に基づいて生活し，人が現実を構築するため，真実であるというすべての主張は議論される可能性があり，相対主義の立場をとる。究極的には，研究者はある時点のある空間的な設定のもとにおける現象の個人的な解釈を検討するにすぎないことになる。事例研究においては，両方の立場に基づくことが可能であり，前者の研究は実証主義による事例研究（positivistic case research）

と，後者を解釈主義による事例研究（interpretive case rearch）と称される（Berry & Otley, 2004）。

　実証主義における事例研究は，現象と脈絡との境界が明確にわかっていないときに，複数のデータ源を活用して，ありのままの現実の脈絡のなかで生じている現象を調べる特徴をもつ経験的探求であり，古典的な手法に習う（Yin, 1984）。解釈主義による事例研究では，社会的な現実を探索する新しい方法を求めるものであり，たとえばFlyvbjerg（2004）の賢慮がある。事例研究には，①極端な逸脱の事例，②バリエーションを増やす事例，③批判的な事例，④逸話として価値がある先駆的な研究があり，これらは伝統的なクロスセクションをみる手法とは異なる（Lillis & Mundy, 2005）。

　事例研究を行う目的は，実世界の実践に接近することで，現に生じている管理会計実践を捉え，しばしば作られているものを調査することにある。また，未整理の問題，流動的な問題，新しい問題，政治的に注意の必要な問題を研究する場合に事例研究が行われる。事例研究は，何をというWhatやなぜというWhyの問題に加えて，変化プロセスを分析するどのようにというHow形式の問題を取り扱う場合に特に強みをもつ（澤邉ほか, 2008）。

　事例研究には，グラウンデッド・セオリー・アプローチのように理論を発見する研究，社会理論を用いて事例を説明する研究，既存の理論的モデルに変数を加えるように理論を洗練する研究，最もあり得そうな研究設定によって理論を検証する仮説検証型の研究がある。理論発見型の研究は，現状の研究で明らかにされていることと，新しい事象やまだ解明されていない理論的な問題との差異をうめるために関連した理論的付加を行う。

(2) エスノグラフィー

　エスノグラフィーは，集団，組織，制度，相対的に自己充足的な社会を対象にして，参与観察，公式・非公式のインタビュー，内部資料収集，写真撮影，録音等を通じて記述を行うものである（Van Maanen, 1982）。それは他の方法よりも深く調査対象に入り込み，参加者として観察することによって，内部者

の見解を解明するためのフィールドワークの報告書（モノグラフ，論文，著書などの作品）のことである。また，成果となる作品を指すばかりでなく，フィールドワーク的な調査プロセスそのものを指してエスノグラフィーということもある（金井ほか, 2010, ⅱ）。

　エスノグラフィーは文化人類学者によって実践されてきたように，文化の研究を志向し，文化が役割を担うとする点で他の研究方法と異なる（Berg & Lune, 2012, 198）。エスノグラフィーには，文化を理解することから導かれる3つの特徴がある（Van Maanen, 1982）。1つめは，あくまでもプロの異人（professional stranger）でありながら内部者（現地人，住人）の見解に迫るということである。2つめの特徴は，フィールドに住む（長く居るか，少なくとも足繁く通う）ことである。そして，3つめが参与観察という方法を重視するという点である。

　Wolcott（1999）はエスノグラフィーの本質を，文化的な叙述の科学として捉え，人々およびグループにおける社会的な表現の叙述と解釈を試みるプロセスであると述べる。研究者のするべきことは，行為の背景にある意味づけを得るためにコミュニティや組織の厚い記述をすることである（Geertz, 1973）。同じ行為でも行為者によってその意味づけが，異なる可能性があるためである。

　内部者の間では多くのことが当然のように自明視されているが，組織の内部者は自らの文化をどこまで語れるのか。組織の外部者はフィールドワークを通じてより深いレベルで記述できるか。外部者は，内部者が当然だと思っている見解，ものの見方を使ってそのフィールドにおいて独特に通用する知識を明白化するという姿勢でフィールドに入り（Geertz, 1973），エミックな視点で内部者に迫る。このプロセスの結果，公式的理論からの諸概念に照らし合わせて，エティックな視点から外部者としての結論を得る。飽和状態（saturation）に達するまで，重要なパラメーターに関する事例を追加する理論的サンプリングを行う（Eisenhardt, 1989, 1991; 佐藤, 2002）。注意しなければならないのが自由裁量の問題であり，どのような変数をどれだけ用いるか，事前に決められた変数なのか，後から出てきた変数なのか（Ahrens & Chapman, 2006）といっ

たことがある。

　ここで注意すべきは，調査事前の理論的な予示問題がある（Hammersley & Atkinson, 2007）。予示問題とは，既存理論が予示することにより，調査結果の新しい理解の妨げとなることである。また，データサンプリングにあたっては，時間，人々，文脈を考慮しなければならない。

(3)　データの解釈と仮説的推論

　データの解釈にあたっては，Peirceの仮説的推論（abduction approach）(Fann, 1970) が有用となる。事例研究はしばしば帰納的であり，エスノグラフィーやグラウンデッド・セオリー・アプローチのように叙述的であるとみられる。公式的なロジックは次のとおりである。

驚くべき事実としてCが観察された。
しかし，Aが真実であるならば，Cは当然のことになる。
したがって，Aが真実であると考えることの根拠がある。

　クロスケースパターンをみつけて，構図と仮説をたてて洗練させ，関連のある文献から分析的な一般化を行い，理論的な完了に至るまで継続し，単純さの原理と論理の一貫性を強調していく。新たに出現した理論が最終成果ではなく，理論化は，仮説的推論を通じた継続プロセスである（Eisenhardt, 1989）。

(4)　事例研究の課題と妥当化問題

　事例研究には次のような課題があるといわれる（澤邉ほか, 2008; Lukka & Modell, 2010）。研究対象が独立変数のためコントロールすることができない。変数をコントロールする実験室実験のようなことは不可能である[3]。また，定量的研究よりはデータ数が少ないために，観察された事象が偶然的である可能性がある。さらに，事例へのアクセスと維持が難しいということもあげられる。

　特に，解釈主義の事例研究はしばしば価値観や利害に焦点を当てるため，文

脈の影響を受け，しばしば修辞的であり，物語となりやすい。そのため，実証主義からの批判として，データにバイアスがかかっていること，再現可能性，一般化の問題があるため（Lukka & Modell, 2010），事例研究の妥当性をどのようにして構築するのかが課題となる。ここで妥当化とは，関連する研究に対して研究の信頼性（credibility）を正当化することであり，妥当化により，各種バイアスのリスクを減らすことが可能となる。

　実証主義による事例研究の妥当性は，信頼性（reliability），構成概念から予測されるようなことが実際に起こるかという構成概念妥当性，独立変数と従属変数の因果関係が確かにあるということが確信をもっていえるという内的妥当性，そして研究の結果がどの程度一般的なものであるかについての外的妥当性という観点から確保される（Atkinson & Shaffir, 1998）。伝統的な妥当化の技法は，よりよい測定方法とモデルによって捉えられる，安定的で客観的に検証可能な現実があると想定する。

　この仮定は，解釈主義研究によれば以下の点で問題となる。さまざまな社会的文脈において，多様な事物との関係性のなかで人々が行う意味づけの検討になる点，グローバルではなく，ローカルな，時間的空間的に限定された状況の分析であるという点，内部者のエミックな観点を採用する点，より詳細な記述と理解を行う点である。これは，解釈主義研究の妥当性の危機である（Gergen & Gergen, 2000）。

　トライアンギュレーションのような伝統的な基礎づけ主義者による妥当化方法は，主観的な存在論にたつ解釈主義の研究に適用するのは難しい。しかし，管理会計の解釈主義研究では，この議論はこれまで無視されてきた（Lukka & Modell, 2010）。管理会計で採用される解釈主義研究は，極端な主観主義の解釈主義とは合致しない。それらは，客観化された事実を動員し，説明を加えて，リッチな記述を展開して，エティックな領域に移動することを試みることで，妥当化問題に対処しようとしている。エティックな領域に移動するためには，相対主義者の立場から理論に依存する真実性を支持すること，詳細な記述に基づく信憑性（authenticity）を強調し続けること，継続的に議論されるプロセ

スを通じて妥当化を図ること，そして，他者の声を表明することが必要となる。

　解釈主義研究において，なにかの意味づけはどのように妥当化されうるか。仮説的推論を用いて，驚くべき観察からもっともらしい説明を導き，最善の説明と推論させることが基本的なプロセスである。探索的な解釈主義研究の妥当性はエミックな報告に対する信憑性と生成された説明のもっともらしさ（plausibility）を読者に説得させることにかかっている。しかし，この2つの尺度が妥当化の議論に終止符をうつものとみるべきではない。信憑性は，非論理的あるいは機能不全の問題の報告を許容する。仮説的推論を適用して，被説明項に焦点を当てて，反事実の条件を注意深く利用することにより，説明がもっともらしくなる。解釈主義の事例研究が妥当であるといえる，エミックとエティックの適切なバランスをどのようにとるのかについては，いまだに見解の一致をみない。また，妥当化問題は議論の余地があり，その議論に終わりをみないのである。

　以上のように，本書においては，解釈主義に基づく事例研究として，エスノグラフィーを採用する。事例研究の妥当化にあたっては，エミックな視点から詳細な記述を行い，事例の信憑性を高めて，エティックな分析へ移行しそのもっともらしさを高めて，事例研究の妥当化を図る。

　本節では，まず解釈主義に基づく研究の特徴を述べ，そのなかでエスノグラフィーの特徴を整理した。次に，データの解釈と理論化にあたって仮説的推論の有用性を述べた。そして，事例研究の課題である妥当化をいかにして図るかを述べた。本研究では，本節で整理したエスノグラフィックな定性的研究に基づいて，調査を実施する。次節では，その調査概要について説明する。

3.3. 調査概要

　本研究における調査は，中小企業の再生実務における管理会計の役割を理解するため，地域金融機関であるX銀行を中心に実施された[4]。X銀行は総資産額が3兆円超，貸出金残高2兆円弱，支店数が90店舗を超える地域有数の金融機関である。もとよりX銀行は，地域社会に誠実に奉仕し，地元産業の発展に尽くし，社会とともに繁栄することを基本理念としてきた。近年は，顧客目線にあったきめ細かい接客姿勢を保ち，地元中小企業に対する付加価値の高いサポート体制を確立していくことが使命とされている。具体的には，創業支援，海外進出支援，ビジネスマッチング，事業承継，M&Aといったサービスの充実化を図っている。

　そんななか，リーマンショック以降の不況やおりからの産業構造の不況も重なり，企業再生支援業務がより重要視されている。「困った時に手をさしのべるのが本当の友人である」というのが合い言葉とされ，顧客に寄り添って経営改善の支援を充実させ，金融円滑化に注力してきている。金融機関の立場からすれば，不良債権の金額と比率が高まっており，不良債権への対処の重要性が年々高まっている。不良債権の対処の1つの柱が，顧客の経営改善の支援となっているのである。

　顧客の経営改善を行うために顧客と継続的にコンタクトをとり，経営目標や経営課題を共有し，目標の実現と課題の解決に向けた取組みを行っている。そして，事業改善活動を推進し，営業支援，現場改善といった経営コンサルティングを行いながら，継続的にモニタリングを行い進捗状況の確認に努めている。また，中小企業再生支援協議会や信用保証協会といった外部の機関を含めて，他行とも連携を図りながら経営改善の支援を図り，地域の産業を守っていくことを目指している。

2008年12月からパイロット調査としてX銀行全般に対して，役員，経営企画部門，信用リスク管理部門，審査部門，債権管理部門，法人金融部門，人事部，営業支店長を対象に9回23時間のインタビューを実施し，金融機関の概要を理解した。その後に筆者が，2009年8月から9月にかけて主に部門長の秘書役として，企業再生の支援部門を対象に参与観察を行った。参与観察は合計で21日間，時間にして178.5時間に達した。筆者は，朝8時半の朝礼から17時までの就業時間中に，社内での定点的な観察，社内会議への出席，顧客との面談等への参加を行った。面談や社内会議では，議事録をとり，参与観察で得られた情報について日々，文書として電子データに記録した。また，昼食や移動時間などの非公式的な会話を利用することでデータの補完，裏づけを行った。加えて，再生実務の変化と現状を確かめるため，2012年9月に7日間，60.5時間の参与観察を行い，追加の調査を実施した。

　さらに，金融機関や中小企業の内部資料の閲覧，企業再生の研修資料を通じたアーカイブ調査も実施した。そして，金融機関，中小企業に対するフォローアップ・インタビューや参与観察を行った。フォローアップ調査では，複数の企業に対して継続的な調査を実施した。また，中小企業再生支援協議会，公認会計士協会，監査法人に対するインタビューを含めて，合計約30時間の調査を行い，企業再生にかかわるプレイヤー全体の理解につとめた。

　フィールドノート，インタビューデータ，ワークショップの議事録，内部資料といった調査データについて，調査データ間に矛盾がある場合には追加の調査を行い，複数の研究方法を用いて裏づけながら調査データの信憑性と説明のもっともらしさを高めるようにしている。また，作成文章については，調査先に事前のチェックを依頼し，内容等についての確認をとった。

　本調査は再生計画の策定プロセスを中心に検討しているが，再生を要する窮境企業が調査対象である。したがって，企業再生前後を比較した場合に，企業再生前のMCSや金融機関と顧客の信頼関係の構築プロセスについては，検討された資料，質問調査に基づく。理想的には，再生前の段階から調査できればよいが，今回はその機会に恵まれなかった。また，金融機関を中心とした企業

再生を対象にしているため，特定の1社の企業再生プロセスの開始から終了までを観察できたわけではないし，会計専門家と顧客の直接の面談については，十分に観察できていない。この点は，本調査デザインから生じる限界である。

●注
1 経験的研究のなかでも，事例研究と質問票調査や，事例研究に実験研究を組み合わせるように複数の研究方法を用いる混合研究もある。
2 事例研究は，定性的研究を適用する傾向にあるが，定性的研究に限定されるわけではない。本書では，Lukka & Modell（2010）に従い，ある事象において外的なものの見方をエティック，内的なものの見方をエミックと呼ぶ。エティックとは，観察可能な現象の表層の差異にあくまでも注目して記述しようとする外部的な視点であり，エミックとはその現象の背後に想定されているコードに即し，一部の差異をあえて無視して分析単位をみる内部的な視点のことである。
3 もっとも，実験室実験であっても全体としてコントロールすることは難しい。
4 なお，X銀行と企業の相互作用に関する参与観察の概要については，Appendix（197頁）を参照のこと。調査内容に対して守秘義務の観点から慎重に対応すべき企業再生という性質から，調査対象への影響を考慮し，どのような場面について参与観察を行ったのかがわかる程度に，必要最低限の情報にとどめている。

　また，本研究の本質的な議論に影響を与えない部分について，意図的に調査企業等の情報を変更している場合がある。

第4章

再生計画の策定を通じた信頼関係の再構築

4.1. はじめに

　長期的なバイヤー・サプライヤー間において，信頼はコントロールを代替あるいは補完するものとして理解され，情報共有を通じて信頼構築が行われるものと考えられてきた（Tomkins, 2001）。先行研究では，信頼関係の構築に関する議論が進展する一方で，信頼関係が揺らいだ状況や信頼関係が喪失した状況から，その後どのように信頼関係が再構築されるのかや，管理会計がどのような影響を及ぼすのかについてこれまで十分に議論されてこなかった。本章では，一度失われた信頼関係の再構築過程を述べる[1]。

　前述のとおり，本書ではSako（1992）の提示した3つの信頼概念を基礎概念として採用し，金融機関に適用したSeal（1998）の信頼概念の類型に基づいて議論を進める。すなわち，①約束遵守の信頼は，法的な拘束力をもつ書面の有無にかかわらず双方が約束を守るという期待であり，②能力に対する信頼は，事業上の問題から支払能力が欠如して借入金の返済ができないようなことがないという金融機関による期待と，経営上の問題から与信能力が不足して貸出金が貸せないようなことがないという企業による期待であり，③善意による信頼は，詳細な指示がなくても企業が自発的な活動を行うであろうという金融機関による期待と，詳細な指示がなくても金融機関が企業のために活動を行うであろうという企業側からの期待であると捉える。

　第2章第4節第1項では，3つの信頼概念を中心に信頼構築における会計の役割を整理した。本章では，これらの先行研究の知見に立ち，信頼関係が失われたという新しい設定のもとで，信頼関係がどのように再構築するのかを明らかにする。

　財務的に健全なX銀行の場合，借入れの契約が結ばれれば，企業が借り入れられないという可能性が低いため，企業による金融機関に対する信頼のうち，

約束遵守の信頼と能力に対する信頼は，特に問題とならない。また，企業自身の窮境により，借入れの継続ができなかった場合にも，金融機関からのサービスを受けられず企業からの善意による信頼が喪失することがあったとしても，約束遵守の信頼と能力に対する信頼が喪失する可能性は低いと考えられる。したがって，企業による金融機関に対する信頼の再構築は，失われた善意による信頼が，どのように再構築されるのかということである。

リレーションシップ・バンキングを通じて企業による金融機関に対する3つの信頼が構築されメインバンク化していくことから（Seal, 1998），ここでは，リレーションシップ・バンキングのサービスを受けることにより，企業より取引銀行がメインバンクとして示されれば，金融機関に対する3つの信頼が存在するものとして，議論を進める。ここで注意すべきことは，企業による金融機関に対する善意による信頼の構築は，企業自身の言動に依存しているということである。要するに，企業が金融機関の期待に応えることができる，あるいはできそうであると金融機関に判断されれば，リレーションシップ・バンキングのサービスが提供され，企業は金融機関に対する善意による信頼の構築を行うことが可能となる。

次に，金融機関側による企業に対する信頼の構築をどのように捉えるのかについて述べる。企業からの返済が守られることをはじめとして，金融機関との約束が守られれば金融機関による企業に対する約束遵守の信頼は構築される。また，会計情報や会計以外の情報により企業の返済能力があり，返済ができないことがないと金融機関から判断されることにより，金融機関による企業への能力に対する信頼は構築される。そして，企業が自発的な経営改善を行えるようになれば，金融機関が提供しようとするリレーションシップ・バンキングに企業が応えていると判断できるため，金融機関による企業に対する善意による信頼が発生する。

本章の構成は次のとおりである。まず，次節では，X銀行における再生プロセスを述べる。第3節では，金融機関と再生企業の信頼再構築がどのように行われるか，そのプロセスにおいて管理会計情報がどのように用いられるのか信

頼の再構築についての重要な場面について述べる。

4.2. X銀行による企業再生プロセス

　本節では，調査結果より得られたX銀行における企業再生プロセスの全体像を述べる[2]。本書において企業再生プロセスは，再生開始の決定，再生計画の策定，再生計画の実行という3つからなっていると捉える。

　X銀行では，2004年頃より企業再生業務に力を入れており，企業再生を専門に扱う部署を設けている。地域を支えるリレーションシップ・バンキングを目

図表4－1　企業再生プロセスの全体

再生開始の決定
① 窮境要因の発生と認識
② 企業再生支援部門の関与と顧客との面談

再生計画の策定
① 実態把握（財務DD・事業DD）
② 窮境要因の把握
③ 抜本的再生計画の策定・金融スキームの検討
④ 再生計画の実現可能性判定
⑤ 再生計画策定完了（クロージング）

継続反復プロセス

再生計画の実行
① 具体的手法の実行（事業見直し，積極的営業活動の展開，コスト削減活動，管理会計構築）
② 継続的モニタリング
③ 再生計画の実行
④ 実行に対するモニタリング

出所：筆者作成

指す実践の1つとして，2008年に支店長時代に好業績をあげた若手の部門長，課長が新たに就任した。また，2008年の人事異動で営業担当者2名が異動してきた。これには，営業担当者に再生支援活動を経験させて，支店に戻ったときに再生のノウハウを展開してもらう狙いがあった。当初は熟達したベテラン中心の再生チームであったが，人事異動によりベテランだけでなく若手も含めた組織体制となった。新しい体制のもとでは，顧客との面談が最重視され，企業再生案件として取り扱うかどうか，また経営計画を融資審査会において決裁をかける最終段階といった重要な局面では，部門長による経営者への面談が行われ，経営者意識と経営計画の確認が行われるようになった。**図表4－1**は再生開始の決定から，再生計画の策定，再生計画の実行までの一連の流れを示したものである。企業再生プロセスは，再生開始の決定，再生計画の策定，再生計画の実行の3プロセスからなり，再生計画の策定と再生計画の実行は継続反復して行われる。

(1) 再生開始の決定

まず，再生開始の決定が，企業再生の出発点になる。営業赤字の発生，在庫の増加，得意先企業の倒産，子会社の業績の悪化といった問題をどれだけ早く認識できるかが企業再生のポイントになる。金融機関によって問題の発生が認識され，企業に返済能力がないと考えられる場合には，いったん返済の停止が検討される。そのなかで，金融機関の支店単独では処理が難しい案件やX銀行の本部から再生案件として取り組む必要があると認識されれば，X銀行本部に設置されている企業再生支援部門が関与する。企業再生支援部門の関与が決まれば，当該部門の担当者，部門長が貸出先との面談を行い，企業再生について共通認識を得る。この共通認識が得られれば，再生開始が決定されることになる。

(2) 再生計画の策定と実行

再生開始の決定が行われれば，再生計画の立案プロセスにうつる。ここでは，

まず実態把握が行われる。具体的には，公認会計士・税理士や中小企業診断士といった専門家が関与して，財務デュー・ディリジェンス（財務DD），事業デュー・ディリジェンス（事業DD）が行われる。財務デュー・ディリジェンス，事業デュー・ディリジェンスを通じて，実態貸借対照表の把握と，SWOT分析等を通じて窮境原因の把握が行われる。

X銀行では，現状把握が非常に重要であると考えられている。不況型破綻の企業再生では，結果が出てから対策を打ってもすでに手遅れになることがあるので，決算書が出てくる前の事前予測が重要になり，早めの対策を打たなければならない。そのために，再生計画の策定にあたっては，現状把握をするための財務デュー・ディリジェンス，事業デュー・ディリジェンスが必須とされている。

そして，窮境原因を除去できる可能性が検討され，再生計画の立案が行われる。ここでの再生計画は，戦略面をはじめ，経費の削減，管理体制の見直しを含めた事業面の経営改善策が練られるとともに，3～5年の中長期的な予測財務諸表，すなわち貸借対照表，損益計算書，キャッシュ・フロー計算書が作成される。

そこで，以下のような金融スキームの検討が行われる。債務返済を繰り延べるリスケジューリング，信用保証協会の利用程度，通常の債務を劣後債に切り替えるデット・デット・スワップ（DDS），債務を株式に切り換えるデット・エクイティ・スワップ（DES），収益性のある事業を切り離す第2会社方式の利用，あるいは債権放棄等を考慮し，返済計画の策定が行われる[3]。

計画策定と同時並行で，再生計画に記載されている具体的手法の実行が行われ，月次の報告会を通じたモニタリングが行われる。再生計画の策定のプロセスは，長い場合には6カ月程度かけて断続的に行われるプロセスであり，再生計画は随時見直される[4]。継続的なモニタリングと再生計画の見直しを通じて，早期の黒字（経常利益）化が図られ，債務超過の解消年限，基準内で貸付金が回収できるという再生計画の実現可能性が合理的であると判断されれば，リスケジューリング等の金融支援が実行されて，金融取引が正常化する[5]。ここで

ようやく再生計画が正式に承認される。

　再生計画の承認が行われれば，再生計画の実行が公式に開始される。企業改善のための具体的手法についてはすでに開始されており，一定の成果が出ていると考えられ，それらは継続して実行され，再生計画どおりのキャッシュ・フローを生み出すように活動が展開される。それ以外に，たとえば，子会社の整理や，固定資産の売却などが再生支援決定後に計画されていれば，その計画が実行にうつされていく。再生計画の実行過程については，定期的に金融機関や，信用保証協会，中小企業再生支援協議会によってモニタリングされる。

　次節では，企業再生の場面で，信頼関係がどのように再構築されるのかについて，その再構築プロセスについて述べる。

4.3. 経営者との面談と信頼の再構築

(1) 経営者の資質と信頼の喪失

　X銀行（B/K）は地域金融機関として，顧客との長期的な関係を構築し，顧客のためのリレーションシップ・バンキングを目指し，約束遵守の信頼，能力に対する信頼，善意による信頼を双方向に築くことを目指している[6]。いかに信頼関係の構築が重要であるのかについて，X銀行の常務は次のように述べる。

> 　時代とともに信頼関係の築き方が変わってきました。昔は会社と金融機関がともに歩んできました。それが2代目，3代目になり，徐々に変わってきています。それでも右肩上がりの時代はよかったのですが，今のように右肩下がりの時代はそうはいきません。今は金余りの時代ですので，大手は低金利で貸し出しますが，不況になれば大手は貸し続けるとは限りません。お客様にも色々あって，大手に引っ張られてしまうところもあります。困ったと

きには頼られますが，危機を過ぎればまた大手から借りる会社もあります。そういう会社は，いずれ誰からも相手にされなくなってしまいます。中小企業は我々のような金融機関と付き合っていくのが一番よいはずです。そのために，何よりも信頼関係が重要です。それは一般取引と同じです。中小企業の経営管理はむずかしいです。特に，家族経営のところは丼勘定になる傾向があるので経営者を見ています。継続的に面談すれば，そうしたことが見えてきます。

(B/K常務, 2009/8/31, 参与観察中の聞き取りによる)

金融機関では，企業の決算書をみてから，業績の悪化に気付くのではなく，事前の業績悪化への予測が重要視されている。そうしなければ，手遅れになり，企業再生の可能性が減るためである。また，単に業績が悪化しても，すぐに取引が停止され，全額の返済が要求されるわけではないことが，部門長によって次のように説明される。

どういった所に目をつけていくか。3月決算だと5月末か6月くらいです。そこで赤字だったと気づくような感覚では再生はむずかしいです。常に現状の把握と先の予測の目線で企業を見て判断しているのが現状です。昔の金融機関の感覚としては，定期的に決算書をもらって自己資本割れをみていました。（しかし，結果として赤字になり自己資本割れになったからといって）それだけで企業を選別はしません。企業を見ていこうという思いが大きなポイントです。

(B/K部門長, 2009/8/26, 会計事務所向けセミナーにて)

企業再生に至る前には，営業赤字の発生，在庫の増加，得意先企業の倒産，子会社の業績悪化といった問題が予兆として起こり，能力に対する疑念が抱かれる。金融機関により問題の発生が認識され，企業に返済能力がないと考えられる場合には，いったん借入金の返済の停止が検討される。顧客である企業が

約定どおりに返済できなければ，金融機関による企業に対する約束遵守の信頼と能力に対する信頼が失われ，同時に企業側による自発的な経営改善が期待されない場合には，金融機関による企業に対する善意による信頼は当然に失われることになる。

ここでは，参与観察中に面談に立ち会ったA社の事例を取り上げる。A社については本来であれば，これ以上の取引ができない段階まできていると金融機関から示された。A社は会計専門家の支援を受けて再生計画を策定中であるが，過大となっている債務残高を減らすために，金融機関から遊休化している工場跡地を現状の相場で処分することを求められている。しかし，会社は簿価が高いため，より高値で売りたいと考えている。土地の簿価は2億円程度であるが，実際の価値は1億円程度とみられている。そこで，部門長が経営者との面談を実施して，金融機関と企業で次のようなやり取りが行われた。なお，2009年中小企業金融円滑化支援法が施行される前に行われたやり取りである[7]。

金融機関としては，支援を打ち切るような状況であることを説明し，約束遵守の信頼，能力に対する信頼，善意による信頼がないことが明確にされる。

B/K支店長：今は返済を止めています。これは異常なことです。我々と御社との関係でやらせてもらっています。我々がメイン行として，他行さんにもお願いしてやっています。正直むこうからは厳しく言われていると思います。急がないとダメです。社長も奥さんも危機感をもってください。コストを下げて利益を出しましょう。まず支出を止めるしかありません。

B/K担当者：リスケして1.5年。リスケを止めて期限の利益を喪失すると法的対処に出ざるをえません。事業継続はできません。しかし，まだまだ有効な事業があると思っているわけですよ。何とかスリム化してやりましょう。負債を減らしましょう。

B/K部門長：コンサルタントを入れてデュー・ディリジェンスをするというのは，これ以上することがないところまできているということです。地

> 元の金融機関として応援させていただきたい。
>
> 社長：リスケをいつまでもしてもらうわけにはいかないとは考えています。

　その後，金融機関はA社に対して遊休の土地を売却して，債務を減らすように説得する。

> 専務：工場跡地について他企業から貸してくれと言われたりします。
>
> 社長：貸先がなかなか見つからないのが現状ですが。
>
> B/K一同：絶対売却です。
>
> B/K担当者：2年貸したら工場が傷みます。また，整地費用が多くかかりますし，土壌汚染もあるかもしれません。債務をいかに落として利息をいかに減らすか。そうしないと利益が出ません。
>
> 社長：2億にこだわらないほうがいいですか。
>
> B/K部門長：将来は今より高くならないと思ってください。担保価値としては110百万円しか見ていません。
>
> B/K担当者：前回の交渉でも100百万円くらいを提示する先がありました。自動車業界がある程度回復すれば可能性はあるのではないでしょうか。
>
> 専務：もうちょっと待ちたいと思います。

　丼勘定になっていて管理会計がうまく機能していない企業については経営者の資質を見ることが重要である。経営がうまくいかない経営者の傾向として，次のような共通のポイントがあると再生支援部門長が，社内ミーティングで述べた。

> ・売上志向である。
> ・不採算事業から撤退できない。
> ・投資の話に乗りやすい。
> ・計画性のない拡大志向で，多角化経営に興味がある。

> - 財務を任せっぱなしである。
> - 危機時に家族を含めて，役員報酬を下げない。
> - 日常に会社にいない。
> - 交際費を使い続けている。
> - 外部の意見を聞かない。
> - 社員の意見を聞けない。
> - 福利厚生に重きを置かず社員を重視しない。
>
> (B/K部門長，2012/9/11，ミーティングにて)

　上記は，これまでの再生企業の経営者から得られた特徴である。企業再生にあたっての経営者責任として，経営者を交代してもらうのが理想的だが，中小企業の場合には事業承継できる後継者がいるとは限らず，事業のコア・コンピタンスが経営者そのものである場合もあり，容易に経営者の交代ができるとは限らない。

> 　本来は経営責任をとって経営者を交代してもらうべきです。経営責任を明確にして。（しかし，経営者を変えられない場合が多い）というのも，その人でなければ再生できない，売上が上がらない。そんなケースが大半です。
>
> (B/K部門長，2009/8/26，会計事務所向けセミナーにて)

　X銀行では，金融機関による企業に対する約束遵守の信頼，能力に対する信頼が失われたからといっても，再生の可能性がある限り経営者の意識改革を行い，経営能力を高めて，経営者を指導することにより信頼の再構築が可能であると考えている。すなわち，3つの信頼が喪失したとしても，すぐに取引が停止され，全額の返済が要求されるわけではない。再生支援の部門長は，社内のミーティングで次のように語った。

> 　再生は経営者の経営改善に対する意識次第。営業担当者に対して経営者を本気にさせることがもっとも重要であることをいつも言っています。経営者を本気にさせること。経営者が自分の厳しい状況を厳しいと思わない。そのような会社はなかなか経営改善しません。黒字でも売上が下降局面でそのときに危機感をもてる経営者になってもらわないといけません。
>
> 　資金繰りが悪化している企業に対して，事業の抜本的改善を求めずに追加融資をして解決してしまう。そこを変えましょう。社長に，「売上が下がっていますが，どうしましょうか。損益分岐点を下回れば赤字になりますよ。粗利率が下がっており，25％，22％，21％となっています。売上が下がっている原因を追及して，その改善を考えませんか」と問いかけよう。
>
> 　我々が，5期，10期の過去の推移をみて，どのようにしたら社長に気づいてもらえるでしょうか。「このまま下がっていけば，我々はメインバンクとして支援しますが，会社が変わらなければよくならないですよ」と，本当は営業マンがやらないといけません。そういったサービスを求めている経営者がいます。5人に4人は真剣です。最終的には，自己破産になります。そのようなレベル感で厳しく接していきましょう。3年間でできなかったとしても，次の担当者ができます。それを目指しましょう。友人が困っているときに手をさしのべるということの真髄が，本当の意味でできている人材は少ないという認識です。絶好のチャンスです。
>
> （B/K部門長，2012/9/11，ミーティングにて）

(2) キャッシュ・フローの生成可能性と潜在的な能力に対する信頼の構築

　いったん信頼関係が喪失されたとしても，金融機関では，顧客の生存可能性や企業再生の可能性が検討されるため，すぐに取引関係が停止されるわけではない。X銀行が期間をかけてでも再生に取り組もうと考える先は，キャッ

シュ・フローの生成可能性がある顧客である。キャッシュ・フローの生成可能性がある場合とは，一時的な受注の減少はあるが，受注が回復すれば企業存続ができるような技術力といったコア・コンピタンスを有していることを評価できる場合である。あるいは，全体として営業キャッシュ・フローがマイナスになっていても，不採算部門を取り除くことで，営業キャッシュ・フローが生み出されるような場合である[8]。

前述のとおり，近年では特にリーマン・ショック後のような不況により，受注が落ち込み営業赤字となっている場合の再生案件が増えており，不況型破綻の再生では販売力の強化，経営の強化といった内科治療が重要になってくる。不況型破綻の再生の場合に，どのように企業が営業利益を出していくのかの見極めについて，金融機関が6カ月といった長期間にわたって関与することになる。そのため，金融機関にとって相応の費用負担がかかってくるため，キャッシュ・フローの生成可能性の検討は慎重に行われている。

再生支援部門の担当者は，キャッシュ・フローの生成可能性の検討に時間がかかる背景としての再生企業の経営管理能力と，時間をかけてでも再生に取り組む意義について次のように述べる。

> 　再生が必要な中小企業は全体として予実管理ができていない傾向にあります。そもそもしていないということも多く，原因が把握できていません。とりあえずの受注があってそれで食べていけた時代がありました。そんな状況から受注が減っても原因がわかりません。自社の強み，弱みを理解していないことが多く，それがわからなければ，改善の方向性は生み出されません。そこから変えなければいけません。…地域金融機関は地域との関連があり，地域経済を守るという大義名分があります。会社をつぶすのは簡単です。そんななか我々は，景気の悪い時であっても何とか助けられる可能性がある会社は助けたいと考えています。
>
> 　　　　　　　　　　（B/K担当者, 2009/8/26, 参与観察中の聞き取りによる）

企業のキャッシュ・フローについて生成可能性があると金融機関によって判断されることで，金融機関による企業への潜在的な能力に対する信頼が構築されていく。ここでは，便宜上，長期的な能力を潜在的な能力とし，現状で可能な短期的な能力を顕在的な能力として，顕在的な能力に対する信頼が損なわれている場合でも，ある条件が整えば潜在的な能力に対する信頼を構築することが可能であると捉える。

　また，キャッシュ・フローの生成可能性に加えて，地域に根付いた伝統産業であることや，企業再生により地域の雇用が確保されるかという地域貢献の観点や，X銀行がメインバンクであって，過去からの長い取引先であり，金融機関にとって関係の深い顧客であるといった点が考慮される。

　ここでは，参与観察中に金融機関と顧客の面談に立ち会った，リーマン・ショック後の受注減で苦しんでいる，製造業のB社を取り上げて，金融機関と企業の信頼関係がどのように再構築されるのかについて述べる。場面は次のとおりである。資金繰りの都合から，返済のリスケジューリングへの依頼が支店を通じてあったので，再生支援部の部門長による経営者面談が行われた[9]。なお，2009年中小企業金融円滑化支援法が施行される前の話である。

　金融機関と企業との面談において，後述するように経営改善の状況が問われ，B社の製品の状況と後継者の問題に関する質問が行われ，長期的に経営が行える体制の有無が問われた。

> 社長：業績については，これまでも売上を伸ばそうとしてきました。2004年の売上が18億円で，そのときメインの取引先が60％，もう1社が20％です。これを4分割にしたいと考えていましたが，2008年に顧客のバランスがよくなってきた矢先に落ちてしまいました。すべてが落ちました。これまではどこかが落ちてもそれを補うものがありましたが，今回は手の打ちようがありません。
> B/K部門長：メインのシェアはどれくらいですか。
> 社長：正確にはわかりません。数字を要求しても出てきません。

> B/K部門長：同業他社はどうでしょうか。
>
> 社長：メインのメーカーとの取引で1～2社。全国でも10社とありません。
>
> B/K支店長：想像するに70～80％ではないでしょうか。
>
> 社長：昔は100％でしたが，今は90％ぐらいではないでしょうか。どこか1社が入っています。以前からすると工場の規模を半分にして人員を絞った結果，製造原価が3分の1ほど減りました。機械化で省人化，合理化を進めています。
>
> B/K部門長：跡継ぎは，どのようにお考えですか。
>
> 社長：私も65歳，息子も40歳になって，どう相続していくのか考えています。長男が営業を，次男が経理を担当しています。別の会社にいましたが去年説得して来てもらいました。今は，息子である専務以下に，ボトムアップで中期経営計画を作らせています。おそらく私が考えているものよりは，数字が足りないと思います。何とか引き上げないといけませんが，将来がみえないのでどう作ればいいものかと。
>
> B/K部門長：中期経営計画は何も絶対にその数字になるとは思っていません。むしろ，社長のやる気を感じたいです。今足りないとおっしゃったのは，まさにやる気があるということだと思います。

　後継者として長男と次男がおり，彼らを中心に新しい中期経営計画の策定が開始していることが確かめられた。その後，全員で工場見学に出て，機械設備の稼働状況等の視察が行われた。

> B/K支店長：数年前に工場見学で見せていただいたときは，ベテランの方が中心でしたが，今は若い方が多いですね。
>
> 社長：どんどん若返りを図って，来期も無理してでも2名は採用しようと考えています。息子らにさせていかないといけませんので，ラインの立上げには私も参加しますが，ラインも専務に渡しています。今私は何もしないようにしていて，受注がどうとか細かいことは聞きませんし，何年

> もお客さんの電話をとっていません。何か大事があれば一緒に出向くことはありますが，ほとんどの報告は週次の会議です。やっているのは金融機関さんの対応ぐらいです。朝早く来ていますが午後からは結構暇にしていますよ。

　ここでは，財務諸表や会計計画を見ながら議論されるわけではなく，経営者の改善努力の状況，取引先にとってのB社の製品の重要性，後継者への事業承継の可能性，工場の状況の把握が行われた。そして，後述するように部門長よりB社には技術力があり，キャッシュ・フローの生成可能性があると判断され，金融機関による企業への潜在能力に対する信頼が構築されていった[10]。現実には，経営改善の状況や，後継者の確認，工場の確認が行われながら，経営者意識や経営改善の状況に問題があっても，キャッシュ・フローの生成可能性があると判断される場合がある。たとえば，先に取り上げたA社の場合には，現状認識に関して楽観的で危機感に乏しいと判断されていても，キャッシュ・フローの生成可能性はあると金融機関に受け止められていた（第5章，119頁参照）。このような柔軟性について，再生支援部門の部門長は次のように述べた。

> 大手はパッケージとして外注先をかっちり決めていて，それにあてはまらないケースはやらないというのが基本でしょう。我々はどんなケースでも何とかあてはめようとします。
>
> （B/K部門長, 2009/8/31, 参与観察中にヒアリング）

(3) 正直な会計報告と約束遵守の信頼の構築

　X銀行と企業との信頼関係の再構築は，金融機関による企業への潜在的な能力に対する信頼の構築が出発点となる。次に，会計報告に関する金融機関からの企業に対する約束遵守の信頼の構築が行われる。

　金融機関と企業が面談を通じて企業再生にあたっての認識を一致させること

が再生の開始にあたって非常に重要であると考えられている。この面談を通じて，企業は再生を行わなければならない状況になっていることを認識し，再生計画を策定するための財務デュー・ディリジェンス，事業デュー・ディリジェンスの実施を受け入れ，必要な情報を開示しなければならないことを金融機関に約束する。

　財務デュー・ディリジェンス，事業デュー・ディリジェンスを通じて実態把握することが正直な報告を確保する第一歩となる。現状が赤字であっても，債務超過であっても実態を正直に報告することによって，金融機関による企業に対する約束遵守の信頼が構築される。実態把握を行うために，正直な会計報告を行わせることについて，銀行内のミーティングで常務が次のように指導した。

> 　要管理，破産懸念の要因を把握できていません。しっかりと見てください。部下に行かせる場合には，調査内容，入手資料を適切に指示してください。それをもとに内容をよく吟味してください。格付の資料を見ていないのではないでしょうか。変化があるものぐらいは見てもらってください。仕事の仕方の流れを変えてもらわないといけません。格付をやって時間がたちますが，自己査定用ぐらいにしか思っていないのではないでしょうか。貸し増しが多くなってそこで初めて気づく。実態把握のためにお客さんの視点にたって経営をよくしようという気持ちはあっても，格付のほうは軽視されているのではないでしょうか。状況が悪くなったらなぜかと聞きましょう。そこからスタートすれば，一緒に再生計画を作っていけるはずです。これが信頼づくりの実践です。格付を見ないのは世の中の動きに反しています。
>
> 　格付を重視したうえで，実態把握につとめ，改善計画の策定支援を行っていきましょう。
>
> （B/K常務, 2009/ 8 /25, ミーティングにて）

実態把握が行えることによって形成された会計報告に関する約束遵守の信頼は，その後に提出される会計情報を担保する役割を担う。

ここでも，製造業のB社の事例を取り上げる。金融機関からの支援の前提として，デュー・ディリジェンスの実施が提案されることになった。

B/K部門長：メインバンクとしてもご支援したい。そのために財務の決算の集積である貸借対照表について，公認会計士によるデュー・ディリジェンスという健康診断を受けていただく必要があります。税理士さんはどのような方ですか。

社長：税理士は3代にわたってお世話になっています。今の先生は40歳くらいの公認会計士の方です。

B/K部門長：抜本的な改革が必要か2年ほどで回復するのか，貸借対照表の検証に着手してよろしいですか。今自己資本割れされている状態ですよね。

社長：今期も3億円の赤字の見込みです。

B/K部門長：公認会計士の先生の協力のうえで実態把握をして，それから1年の詳細な計画を作っていただきたい。その後，中長期の計画を作ってください。それで抜本的に融資形態を見直したいと思います。財務デュー・ディリジェンスをして，モニタリングをしていき，長期的に返済できるかを見極めていきます。我々が対応するのは6〜12カ月です。通常の融資は1カ月です。

社長：私はP/Lしか見ていません。貸借対照表をよくしようとすれば，損益計算書をよくしなければなりません。

B/K部門：たいてい，中小企業の貸借対照表は決算書よりよくありません。そういう意味で悪いものがないかをみせていただきたいのです。製造業でよくあるのは減価償却の不足です。あと売掛金，不良在庫がないかをみて，資産を検討させていただきたい。

社長：工場の価格をどのようにみるか，これまでそれに甘えてきた部分が正直ありました。今の工場の簿価は2千万円です。時価では含み益があり

ます。これを売るとかなら別ですが，そうではなく損益計算書を中心に考え，売上を伸ばしていくことを考えています。
B/K部門長：それでいいと思います。まさにそれが再生です。
B/K支店長：一度貸借対照表をみて，公認会計士の先生と一緒にやっていきましょう。

　財務デュー・ディリジェンスおよび事業デュー・ディリジェンスを顧客が受け入れることにより，オープンブック会計が実施されて，企業の実態が明らかにされれば，金融機関による企業に対する約束遵守の信頼が形成される。B社の事例では，経営者がデュー・ディリジェンスについて快諾しているが，筆者が観察した事例では，そこに至るまでに時間がかかる場合が多い。企業は，メインバンクのX銀行に決算書を提出していても，税務申告や管理会計情報のすべてを開示しているわけではなく，躊躇する場合が多い。そこからすべてを開示してもらえるようになるまで，金融機関による経営者への説得が時間をかけて行われる。場合によっては，この説得に数カ月かかることもある。

(4) 再生計画策定支援の開始と善意による信頼の構築

　金融機関からはたとえ債務超過であっても，潜在的な能力に対する信頼があり，正直に情報が開示されることにより約束遵守の信頼が構築されれば，再生計画の策定段階に進むことが検討される。そこでの検討事項は経営者の企業再生に取り組む実行意欲であり，企業再生に自発的に前向きに取り組む姿勢が見えたときに，次の再生計画の策定が進められる。企業は再生計画の策定に関するコンサルティングサービスを受けることが可能となり，企業による金融機関に対する善意による信頼が構築されることになる。

　ここでも，先の製造業のB社の事例を取り上げる。再生支援部門の部門長は，重要な局面の面談では，X銀行と同じ目線で改善計画をたてて，長期的な関係を築けるかどうかの確認を行う。

> B/K部門長：企業再生が必要な場合には，リスケジューリングで対応しています。我々X銀行をメインとして信頼して取引していただいているということですか。
> 社長：10年前に一本化しました。それまでは他行さんとX銀行さんで4割6割です。
> B/K部門長：一本化のきっかけは何ですか。
> 社長：長期負債が多くて返済負担が大きく，薄くのばして欲しかったことです。先にもってきたのがX銀行です。他行があとからもってきて，X銀行よりいい条件でした。後出しならいいのが出せますし，先に来てくれたX銀行さんにお願いすることになりました。
> B/K部門長：早い企業では今年の初めにリスケをして，元金の返済をしばらく止めています。単に止めるだけではこちらも同調できません。一定期間停止する間に一定の自助努力をしていただきます。それで顧客の受注情報などを入手していただいて，改善計画をたてましょう。止めるのはやむをえないと思います。社長が経営改善のために努力をしていただけるかどうかです。

　企業から，X銀行をメインバンクとして長期的に取引していることが明らかにされた。企業再生支援部門の部門長はB社の経営改善の状況を質問し，経営者が現状の改善体制について以下のように述べた。

> 社長：今変に動いて安い受注を掴みにいってはいけないと考えています。減産というなかで計画を見直します。20人の人材を分けて，人件費を下げて固定費の削減を行いました。同時に役員報酬をカットし，残業，休日出勤をやめて10名の管理職の手当をカットしました。退職後も65歳までは継続雇用するといっていた9名を3月15日付けで契約解除し，賞与を組合と話して7割カットしました。

> 　次に購入関連です。抑えられるものは買わないようにしました。もう1つは200万円程度ずつ貯金していたものがありました。預金はＸ銀行で１億２千万円。そのほか６千万円あります。そういったものを含めて定期積立を取り崩しました。今月は入金が思ったより多かったので解約はストップしましたが。
>
> 　お客さんはメーカー２社が中心です。決算が終わって，来期の計画を作っているところです。粗いのを私が作って，それを係長以上の管理職に投げています。営業に受注計画を聞いて，それをもとに生産計画をたてます。製品は部品展開が部品ごとにされて，部品と原価が紐付いています。それを積み立てるかたちで原価が出てきます。下から上がってくる予測は悪いほうに出るとは思っています。受注も３月までみえるが，４月以降は見込みでやるしかありません。だいたい12億から13億だと思います。前半は多少赤字で，後半で黒字化を目指しています。メーカーとは購買の価格の見直しをしています。
>
> B/K部門長：計画は社長を中心に係長以上で行われているということですね。
>
> 社長：会議は毎週行って，報告を受けています。部門損益も行っていますが，捉えにくいところもあります。赤字部門は受注返上をしたい。そうでなければ受注量を増やしてもらうか，赤字製品の値上げをしてもらうかです。月産10万本であったものが，月産3,000本になったものもあります。
>
> B/K部門長：人員削減もなされているのですね。
>
> 社長：ベースアップはしていますが，冬夏のボーナスはなしです。一部工場を休止しなくてよいところがでてきました。工場休止のところは私が講師になって教育の時間にあてています。

　Ｂ社では社長が中心となり，すでに経営改善に取り組み始めていることが述べられ，必要な対応策がすでに検討され，実行に移されていることが確かめられた。Ｂ社との面談を終え，帰りがけに，部門長は，筆者に次のように述べ，契約遵守の信頼と潜在的な能力に対する信頼に基づき，企業の自発的な改善姿

勢が見えれば金融機関による企業に対する善意による信頼が構築されることが明らかにされた[11]。

> 我々をメインとして信頼してくれていて，取引歴も長く，技術もあって，改善努力も自ら行っており何とかしてあげないといけない会社です。社長の話はすごい説得力がありました。我々が親身になって支えていく会社であると判断しました。もちろん，デュー・ディリジェンスをしなければなりませんが，経営改善が可能な会社だと思います。
> 　　　　　　　　　　　（B/K部門長, 2009/09/17, 参与観察中の聞き取りによる）

　経営者の面談により，B社がメーカーにとって不可欠な会社であり，すでに経営者を中心に必要な対策をとっていることが示された。また，工場見学により自動化が進んでいるだけでなく，後継者をはじめ若手を中心に自主的な経営改善に取り組まれていることが明らかになり，金融機関と企業との信頼関係が再構築されていくことが確認された。しかし，金融機関による企業への潜在的な能力に対する信頼が確認されても，まだ顕在的な能力に対する信頼はこの時点では構築されていない。次項で，金融機関による企業への顕在的な能力がどのように構築されるのかについて述べる。

(5) 継続的なモニタリング活動を通じた顕在的な能力に対する信頼の構築

　再生計画の策定においては，まず企業の財務状況，事業状況についての実態把握が行われる。財務デュー・ディリジェンスによって，実態の貸借対照表が把握され，事業デュー・ディリジェンスによって，企業の強み・弱み・機会・脅威をはじめとして事業の実態が把握される。この段階において，企業に管理会計の仕組み，特に部門別損益を把握する仕組みや，主要顧客別の採算性の把握，主要製品別の採算性の把握ができていない場合には実態把握が困難となる。過半数の再生企業に管理会計技法が導入されるという実態は，まさにこの点を

指している。その場合には，一時的に会計専門家が独自に計算を行って採算を把握する場合もあるが，主要な会計数値の把握を会社が行えるように指導され，管理会計の導入が目指される。

> 　企業再生のなかで事業の部分と管理会計は重要です。時系列でモニタリングするためには絶対必要です。ある程度の規模なら基本的な管理会計で機能します。この課にくるまで管理会計というのは教科書的には知っていましたが，これだけ重要なのかとわかってきました。中小企業には管理会計が普及していません。我々としては管理会計の基本を教えることはしますが，後どうするかは任せています。いかに社内に浸透するかが重要なポイントです。最近ではアメーバ経営ではないですが，セクションごとにディスクローズして開示する企業がでてきました。管理会計がうまくいくケースはISOを取得している会社です。最近ISOの品質管理をとっている会社に行きましたが仕組みとしてはすでにできているというのがよくわかりました。ISOには管理会計の要素が入っているので，これがあればすんなり進められることが多いと思います。
>
> 　　　　　　　　　　（B/K課長，2009/08/27，参与観察中の聞き取りによる）

　継続的なモニタリングが行われる段階では，抜本的な再生計画案が作成されて，その具体的手法が実行される。ここで月次計画とその結果を示す月次試算表，さらには主要顧客，主要製品別の採算が明らかになり，継続的なモニタリングが続けられることで計画策定能力と遂行能力が高まってくれば，金融機関による企業への顕在的な能力に対する信頼が形成されてくる。

　管理会計情報の作成能力がない場合には，専門家や金融機関の指導を得て，会計情報の構築能力が形成される。この継続的なモニタリングプロセスにおいて，企業が月次試算表と，主要顧客別，主要製品別の採算情報を作成できるようになることが，企業再生の鍵となってくる。これについては，第7章におけるF社の事例を通じて詳細を述べる。

次に作成された再生計画の妥当性が検証されるために、通常は数カ月間の継続的なモニタリング活動が行われる。継続的なモニタリング活動とともに再生計画の見直しが行われる。ここで必要とされるのが、3カ月程度の計画策定とそれを月次で達成していくことである。このプロセスを通じて、金融機関は企業の計画策定能力とその遂行能力を確かめる。計画を達成できるようになれば、将来計画についても遂行する能力があるのではないかというような期待が生じる。再生計画を実行していくのは企業なので、企業が自力で経理できるようになることが重視される。このようなプロセスを経ながら、数値計画の説得力が高まっていくことになる。これについては、第5章第4節のE社、第6章におけるU社の事例にて、その詳細を述べる。

継続的なモニタリング活動を通じて形成された顕在的な能力に対する信頼は、将来計画の投資判断にあたって合理的であるとの判断を可能にし、金融機関は企業の債務者区分を引き上げることができる。同時に、企業は再生計画の策定を果たし、事業の存続が可能となる。

4.4. 小 括

本章では、再生計画の策定を通じて、喪失された金融機関による企業に対する3つの信頼と企業による金融機関に対する善意による信頼がどのようにして再構築されるかを検討した。具体的には次のようなプロセスを経て、信頼関係は再構築され、企業再生計画は承認された。

① 企業が借入金の返済をできないことにより、金融機関から企業に対する3つの信頼が失われていることが明らかにされる。
② キャッシュ・フローの生成可能性の判断により、金融機関による企業への潜在的な能力に対する信頼が構築される。

③　正直な会計報告により金融機関による企業に対する約束遵守の信頼が構築され，企業によるメインバンクとしての金融機関に対する善意による信頼が期待される。
④　金融機関による企業への潜在的な能力に対する信頼と約束遵守の信頼に基づいて，金融機関の主導により再生計画の策定が開始される。そして，企業からのメインバンクとしての金融機関に対する善意による信頼が構築される。また，企業による自発的な改善努力が認められることにより，金融機関による企業に対する善意による信頼が明らかにされる。
⑤　継続的なモニタリング活動を通じて，月次の予測能力と実行能力があるものと判断されれば，顕在的な能力に対する信頼が構築されて，金融機関と企業の信頼関係が再構築される。
⑥　金融機関と企業による双方の信頼が再構築され，企業再生計画が承認されることにより，金融機関は企業に対する融資の継続が可能となり，企業は長期計画の策定を果たして，事業の存続が可能となる。

　金融機関は，リレーションシップ・バンキングの実践として，企業と双方向の約束遵守の信頼，能力に対する信頼，善意による信頼を築きたいと考えている。この明確な規範に対して，現実には，金融機関による企業に対する約束遵守の信頼，能力に対する信頼，善意による信頼，そして企業による金融機関に対する善意による信頼が失われている。本章では，この金融機関の期待と現実の乖離を克服するため，潜在的な能力に対する信頼があることに加えて，会計報告に関する約束遵守の信頼の構築を前提として，リレーションシップ・バンキングを通じて顧客の自発的な活動を引き出して善意による信頼を構築し，最終的に顕在的な能力に対する信頼の構築が目指されることを明らかにした。
　また，本章では，能力に対する信頼を潜在的な能力に対する信頼と，顕在的な能力に対する信頼に分けて分析することで，信頼の再構築プロセスをより詳細に理解できることを明らかにした。企業再生のように，能力に対する信頼が喪失した状態においては，通常の取引の継続は困難となる。しかし，企業の能

力を長期的に高めて事業の存続可能性があると金融機関により考えられれば，時間とコストをかけて，企業が自発的な活動を行い，自力で経営できるレベルになるように再生計画の策定を通じて指導される。能力に対する信頼を潜在的なものと，顕在的なものに区別することで，信頼関係の相互構築をより細かく分析することが可能となる。

●注
1　ビジネス・エコシステムから信頼の再構築を捉えるとすれば，金融機関と企業の関係だけでなく，会計専門家との相互作用も考慮すべきであるが，会計専門家と企業の直接の相互作用を十分に観察できていない本調査デザインの限界のため，ここでは，金融機関と企業の2者間の相互作用を中心に議論を進める。
2　ここでの議論は，基本的に筆者が得たデータに基づき，X銀行における企業再生のプロセスのうち中小企業再生支援協議会が関与する場合について記述している。中小企業再生支援協議会が関与しない場合には，金融機関の担当者が財務デュー・ディリジェンスと事業デュー・ディリジェンスを実施し，会計専門家が関与しない場合もありえる。
3　企業再生で利用される金融スキームについては，伊藤（2009）を参照のこと。
4　Slatter & Lovett（1999）は，再生プロセスを分析フェーズ，応急処置フェーズ，戦略的変革フェーズ，成長と新生フェーズの4つのステップに分類し，分析フェーズにおける企業診断と再生計画の策定の間には密接な関係があり，連続平行の関係にあると述べる。
5　日本における企業審査の概要は久保田（2008）に詳しい。
6　本調査のデザインの限界として，企業再生が必要な状況から調査を行っているため，正常先における信頼構築プロセスについては観察していない。本書においては，インタビュー調査等から得られたデータに基づいて，長期的で良好な関係を築いている場合には，約束遵守の信頼，能力に対する信頼，善意による信頼のすべてが存在するものとして，議論を展開する。
7　企業規模や各種財務数値については，調査協力者の個人情報を保護するため，読み手の理解が変わらないレベルで修正を加えている。以降に続く本書で引用する会話も同様の修正を加えている場合がある。
8　この判断は，X銀行だけに限定されるわけではなく，中小企業再生支援協議会や会計専門家にとって企業再生できるかどうかについての共通認識となっていることを聞き取り調査により確かめた。たとえば，中小企業再生支援協議会本部のプロジェクト・マネージャーに2010年6月4日に聞き取り調査を行った。
9　B社との面談に立ち会ったのは1回だけであるが，信頼の再構築に必要と考えられる主要な要素がB社の事例から明らかとなるため，ここではB社の事例を中心に述べることとする。

10 あくまでも現状は赤字であるため，顕在的な能力に対する信頼は確認されているわけではない。後述するようにB社のように，現状は赤字であっても，すでに経営改善に取り組んでいる再生企業は，筆者の観察上はあまり多くない。
11 継続的なモニタリングが行われる前に，常に金融機関による企業に対する善意による信頼が表出するわけではなく，潜在的な能力の信頼と約束遵守の信頼の存在のもとで，企業の自発的な改善努力が伺えることにより，金融機関による企業に対する善意による信頼の存在が明らかとなる。

第5章

再生計画の策定における経営者意識の確認と誘導

5.1. はじめに

　規範的な研究によれば，経営者は一定の将来願望を有しており，それに基づき，経営計画を策定するとして論じられる（Anthony, 1965; Kaplan & Norton, 1992, 1996; Mintzberg, 1994）。経営計画を実行するにあたっては，十分な実行意欲を有することが想定されているし，そうあるべきであると論じられており，あるべき経営者の資質が想定されている。そこでは，将来願望や実行意欲といった経営者意識と経営計画の関係，また事業計画と会計計画の関係については，一定の関係が成立することを前提として論じられてきた（たとえば上總，1993）。経営者の思いを表したものが経営計画である，また，事業計画を会計数値として表わしたものが会計計画であるといったように，これらの表現は自明に行われるものとして説明されてきた。また情報の伝達について，従業員は経営計画の説明を受けることで経営者意識を理解するものとされてきた。第2章第4節第2項でみたように，上記の前提をおくような管理会計のテキストは安定的な経営を行う大企業を対象とし，必要十分な経営者意識と，計画策定と実行に関する平均的な能力をもつ経営者ないし組織が前提とされてきたといえる。

　しかし，中小企業の場合は金融機関と二人三脚の経営を行うが，両者は異なる意図を有しているので（穂刈, 2008），情報の伝達がスムーズに行われるとは限らない。また，企業再生が必要な場合には，経営者の必要十分な経営者意識と平均的な計画策定・実行能力を必ずしも想定できない（越, 2003）。企業再生においては，再生計画という形で事業計画と会計計画が策定される。それは会計専門家や金融機関の担当者の支援を受けて表現されるが，中小企業の特性を考慮すると計画の策定は容易には行われないと考えられる。では，企業再生において金融機関，会計専門家と企業がどのように相互作用をもたらしているか，

第5章　再生計画の策定における経営者意識の確認と誘導

企業再生を通じてどのように経営者の意識改革を行うのだろうか。

企業再生における意識改革の重要性は，企業再生に取り組む金融機関にとって共通認識となっており，そのための時間が多く割かれる。

> 我々が企業再生を行っていて一番苦労するのが，経営者の正しい現状認識と意識改革です。そこに半分以上のパワーを使うのではないかというくらいです。なぜそれだけのパワーが必要になるのでしょうか。我々は患者と考えていますが，当の本人が自分は病気だと気づいていない，あるいはわかっていません。色々なパターンがあると思いますが，気づいていたとしても，どの程度の深さ，重い病気なのかを測るはっきりとした尺度をもっていません。そのため，P/Lの赤字が少し出ている程度の場合，「これは風邪を引いたくらいだ」と思うケースもあれば，「こんな赤字が出ていると大変なことになる」と思うケースもあって，P/Lだけを見てもさまざまな捉え方があります。心理的にはあまり悪いことを認めたくありませんので，どちらかというと彼らの今まで経験則のなかで，少し赤字が出ているが，昔は我慢しておけば治ったので，「大した病気じゃない」ということで，あえて自分の病状を深く知ろうとしません。そういうところに金融機関が入ってあなたは病気ですよと言わなければなりません。そこには最初から大きなギャップがあって，実際は認めているけど言わない人は，債権者と債務者の関係のなかで言ってしまったら融資が出なくなるという心理が働いて，わかっていても言いません。本当にわかっていない人，わかっていても深さが測れない人，こういう方々を相手に「実際はこうなのですよ」ということを言ってあげる必要があります。
>
> （Y銀行再生支援部門長，聞き取り調査による）[1]

本章では，金融機関と企業の相互作用に着目して，会計計画の確認を通じた経営者の誤解の解消により経営者の将来願望が現実的な方向へ誘導される事例，営業活動の確認を通じて経営者の実行意欲が喚起される事例，経営者意識の十

分性が確認される事例を述べる。

本章の構成は次のとおりである。第2節から第4節では，筆者が参与観察中に立ち会った金融機関と再生企業のやり取りを述べ，金融機関の意識がどのように伝達され，企業側にどのような変化をもたらすのかを述べる。最後に，第5節で本章を小括する。

5.2. 現実的な将来願望への誘導

本節では，経営者意識のうちの経営者の将来願望に着目し，夢想的な経営者の将来願望が，再生計画に関するコミュニケーションを通じて，現実的なものに誘導されることを述べる。

リーマン・ショック後の経済環境であったということもあるが，策定された再生計画が実行後に未達成となる事例がX銀行内で増加してきた。その要因の1つとして，必要な返済額に基づいて再生計画が策定されてきたことがあげられる。必要返済額に応じて経営者は高い目標を設定しなければならないと考えてしまうのである。また，企業家精神に富む経営者が夢想家になりやすいことや，売上志向である経営者が規模の拡大を目指したいと考えていることもその一因としてあげられる。

> 中小企業を見ていて思うのはビジョンがそもそもなっていません。売上を拡大していくことが目的となっていたり，業容を拡大していくことが社長の思いであったりして，企業として何を目指すのかが明確になっていません。そもそもビジョンが明確になっておらず，目指すものが何かわかっていないため，管理会計の考え方が入ってきません。大きくしていけばよいのだろうというレベルで考えている経営者が多いなかで，管理会計まで考えが及んでいないケースが一番多いです。たとえば，「利益をこれだけ出すために企業

経営をやっています」となれば，そのためにどうすればよいかということは自ずから見えてくると思うのですが，ビジョンがそもそもないから管理するという考え方が入ってこないのだと思います。

(Y銀行再生支援部門長，聞き取り調査による)

いずれにせよ，高い目標を掲げるために，金融機関からは，経営者の将来願望が積極的すぎると判断される。X銀行では，大きな経済成長が見込めない現状から，着実にキャッシュ・フローを生み出して返済原資を確保して安定的な返済を行えるように，現実的なレベルの将来願望を経営者に期待し，それに向けて経営者を誘導しようと考える。

再生計画は策定しても半分以上が下ぶれしています。計画の作り方にも問題があります。経営者はどうしても高い目標をもちたがります。これを低くさせるのはやる気をそぐこともありますが，それでも現実目線が必要です。過剰な債務を抱えているところは，長期的な視野をもって債務の返済計画をたててもらう必要があるのではないでしょうか。

(B/K部門長，2011/3/7，聞き取り調査による)

X銀行では現実的な将来願望に基づく再生計画となるように，必要返済額に基づいて作成される会計計画ではなく，返済可能金額，すなわち現状のキャッシュ・フローに改善計画を組み込んで作成される会計計画を期待している。

重要なのは実質債務超過が解消するのか，何年で債務が償還できるかを見ることです。償還が10年，債務超過5年というのが基準です。メガバンクなどはここまでです。実際はこんな案件は少なく，(償還が)10年超なんていうのはざらにあります。我々が違うのは10年超(のリスケジューリング)で考えることです。多額の債務超過でも見捨てません。そのかわり，損益5カ年

> 10カ年の計画を厳しく見ていきます。…先生方が一定期間で返済できるプランを立ててきます。我々が失敗したのはこれです。これを変えて，実質を見てどんな改善ができるかということから見ていきましょう。その改善後のキャッシュ・フローをもとに何年で回収できるかどうかを見ましょう。合理的な計画になるかは，先生方にかかっています。これを強調しておきたいと思います。
>
> （B/K部門長，2009/8/26，会計事務所向けセミナーにて）

　ここでは，夢想的な将来願望をもつ経営者に対して，現実的な将来願望に誘導されたA社の事例を取り上げる。場面は4章で取り上げたものと同じであり，筆者は金融機関と経営者との面談に立ち会った。A社の経営者は，下請け事業からメーカーへの事業転換を図っているなかで，売上が10分の1程度までに落ち込んだので，また売上規模を以前のように回復させたいと考えており，金融機関に夢想的であると認識されていた。場面は次のとおりである。A社では，財務デュー・ディリジェンスと事業デュー・ディリジェンスが完了し，再生計画策定中である。金融機関の部門長としては現実的な計画になるようにこれまでも要請を行ってきてはいるが，再生計画がいまだ楽観的であり，具体性に乏しいということで，経営者の将来願望を変えないといけないと考えている。そこで，金融機関は経営者に現状のままでは倒産の危機にあるという状況を述べ，現実的な将来願望とともに現実的な目線で企業再生に取り組むことを伝達しようとする。

> B/K部門長：もう一度一致した共通認識をもちたいと思います。目指すものは再生で，そのゴールが見えてきた段階です。そこで財務デュー・ディリジェンスをして実態把握をしましたがその認識はありますか。現状で300百万円の債務超過で，清算価値に置き換えると650百万円（のマイナス）です。何年かけてプラスにするのでしょうか。大企業なら本来は3年から5年で解消する計画をたてなければクローズ（承認）されません。

　　　　中小の場合は5年から10年でもなんとかしようと考えます。35百万円の利益でも8年から9年かかります。まずこれについて理解してください。過去の成功もあるでしょうし，今35百万円の利益を出してください。正直売上高はどうでもよいので，本日出していただいた計画を再度見直し，借入金を長期にしたりして融資を組み替えていきたいと考えています。
社長：我々はアイデアをお金にするのが弱いので，そのお手伝いをしてほしいと監査法人にお願いしたところ「それは別料金。別部門がいるので」との回答でした。…事業計画は1枚のP/Lでざっくりと材料費等を出して決めていきます。
B/K部門長：これまで20社ほどの案件でコンサルタントに関わってもらっていますが，目的は自助努力で生きていけない人を何とかしてもらうためです。コンサルタントの認識としては，それほど悪くなっていないと考えています。貸出条件を緩和したらなんとか生きていけると考えています。今日来たのは，会社が倒産すると本当は厳しく言いたかったからです。40百万円以上のキャッシュ・フローが必要で，これが本当にできるのでしょうか。無理をしていないですか。
社長：計画を堅めにみているつもりですが，弱気な計画だとそっちから見ると意欲がないととられるのではないでしょうか。

　経営者としては，控え目な計画を作成すると将来願望に対して悲観的であると金融機関に捉えられるのではないかと危惧している。返済期間を長期的に延ばすような金融スキームであっても，期間内の返済が不能なレベルであれば，計画値を高くできないか質問される可能性はある。しかしA社の場合，金融機関側では，現状の売上高がさらに減少した場合でも，合理化を進めることで利益を生み出すことができれば，事業継続の可能性があると考えている。そこで，部門長は経営者に当期の見込みに関する現状の認識を確かめた。

> B/K部門長：当期末は着地点どおりでいけますか。売上で500百万円です。去年と変わらずにいけますか。影響は出ていませんか。
> 社長：台数は減っていますが，単価はアップしています。
> 専務：450百万円は無理です。しんどいです。
> B/K部門長：今期の実績はどうなっていますか。
> B/K担当者：4月で49百万円。5月から7月で82百万円です。

　売上金額が計画に達しておらず，このままでは当期の売上は目標を達成しない状況である。そこで，部門長は策定する計画がどのような意味をもつのかを説き，計画の策定方法について質問を行った。

> B/K部門長：改善計画は，金融機関が支援をするためには非常に重要なものです。計画はどのようにたてられましたか。
> 社長：初年度はこちらが大きい目標をたてて，監査法人さんが控えめにいきましょうと下げました。
> B/K部門長：売上計画は一定の根拠をもった裏づけが必要であって，希望や願望だけでたてるものではないのではないでしょうか。
> 社長：売上をもっと出さないと。
> B/K部門長：経営者の考えはよくわかります。売上を求める考え方は時として改善のさまたげになることもあります。売上は330百万円でも利益が出るようにしてください。
> B/K支店長：たとえば半分の売上でも利益が出るような計画の方がよいですよ。
> B/K担当者：固定費の圧縮，労務費の圧縮，経費の削減の検討をもう少ししていただけませんか。
> B/K部門長：これまでは監査法人さんが主体となって作ってもらっていましたが，今日以降は当行もしっかりお手伝いしますので，幹部も交えて会社主体で改善計画をもう一度作り直してください。絵に描いた餅では

ダメです。会社が主体となって作った計画でなければダメなんですよ。

　会計数値から将来願望が金融機関よりも積極的であると判断され，会計目標の設定を通じて，金融機関から，経営者が金融機関と同じ目線にたち，金融機関の期待する将来願望をもつように説得された。その後，経営者から現状の課題が述べられるようになった。

> B/K部門長：なんとか作りましょう。同じ目線でやりませんか。何度でも相談にのらせていただきます。
> 社長，専務：もっと早くに来てほしかったです。
> B/K部門長：まず実態を知りたかったので，財務デュー・ディリジェンスをやりました。
> 専務：今は儲かっているのではないでしょうか。
> B/K部門長：無借金経営ならこれでいいのですが。
> 社長：在庫管理や製品製造の管理ができていません。昔はみんなで棚卸をしていたのですが今は全然できていません。税理士はあまり関与していませんが，我々が悪い。全員がしないといけません。全員がしない風潮をやめたいと思い教育を行ったが，従業員が動きませんでした。そのような従業員にはやめてもらいました。
> B/K部門長：たしかに，製造業における原価管理は非常に重要なことですね。
> 社長：知りたいことは製造原価の出し方です。1分で何円になるのでしょうか。以前は，38円から40円という標準の分チャージがいつのころからか設定されていました。下請け価格は23円でそれを下げるような努力をしていました。本当の分チャージが知りたいです。昔はラインを17時でいったん止めてどれだけ儲かったかを出していたので，単純でもモチベーションが上がりやすかった。
> B/K部門長：製造原価の出し方も一緒に精査しませんか。
> 社長：どこまでの資料を提出しないといけないですか。

> B/K部門長：必要に応じて資料をいただくことになります。部分によっては非常にふみこんで見せていただく場合もあるかと思います。
>
> 社長：私が作っているアクションプランに対して最終的には肉付けしてください。自社メーカー化を目指していくなかで，2次から4次下請の300社程度がわが社に直接コンタクトをしてくれるようになりました。そのほうが価格交渉力はあります。建値を上げても，まだ向こうから感謝してもらえる状態です。
>
> 専務：フットワークのきく人は社長だけです。営業活動は技術のわかる現地調査ができる人間でなければなりません。
>
> 社長：新事業については，過去の老朽更新があるため需要はあります。年間の予算のなかから更新をするところもあります。そういうなかで先方にとってリーズナブルな価値を提案できる人材が必要です。
>
> 専務：これまで営業していないので，営業したらいけると思います。
>
> B/K支店長：1年前からその話は聞いていますよ。会社の中に人もいるでしょう。
>
> 社長：技術力のある人はいるが，挨拶はできないし，キャラクターはあわない。営業として色んな人が来ますが，いわゆる営業マンであっても全然ダメで技術営業が必要です。今は技術者を外に出そうとしています。
>
> 　商品に自社ブランドを入れるようにして，取引先が100社から300社に増えました。全国で自社ブランドを増やしていきたいと考えています。10年後には加速度的に上がるはずです。いや，上げます。この1年は内部整理に時間がかかりましたので。

　A社の経営者が描く将来願望は夢想的であるものの，高い実行意欲を有していることが確認された。そこで，A社では再生計画を修正していく方針を固め，金融機関から担当者が毎週会社に行き，現実的な将来願望への誘導が目指された。その後，再生計画の修正がコンサルタントも交えて数回行われ，数値計画が現実的なものとなった。そして，経営者の将来願望が現実的なものであると

判断され，再生計画の修正から約半年が経過して，再生計画が承認されることになった。事後的な調査によると，経営者は将来的に会社をもとの売上水準まで成長させたいという思いはあるものの，まずは利益を出さなければならないし，少なくともこの2，3年は今の売上ベースを達成していかなければならないという意識を強くもち，現状のビジネスを強固なものにしていくと語り，経営者の将来願望が現実的なものへと誘導された。その後の業績であるが，A社では事業転換に成功し，計画以上の売上と利益をあげ，順調にキャッシュ・フローを積み上げるなかで，返済計画以外の追加の返済を行えるまでに至った。

5.3. 高い実行意欲の喚起

外部の専門家や金融機関が入って，いかに再生計画を策定したとしても，経営者が計画を実行できなければ，倒産の危険性が再び高まる。X銀行では，戦闘性や戦闘意欲という言葉を使いながら，経営者による再生計画の実行意欲が重要視されている。再生支援部門の部門長は，次のように説明する。

> 戦闘性は重要で，我々はこの視点を見ています。資金繰りが苦しいとき，弁護士事務所に行って自己破産する方も少なくないです。我々はときには弁護士に相談する前に我々に相談してほしいと思っています。戦う意思のない，ダメなのは景気のせい，業種のせいにする経営者がおられたら，まず経営者の意識を変えるようにしていきましょう。このままで事業継続が可能か問いかけませんか。経営者の根本から意識を変えていくことが大切です。我々は債権者ですからもう少し厳しく言うときもあります。
>
> （B/K部門長, 2009/8/26, 会計事務所向けセミナーにて）

実行意欲をもたせるにあたって，事業の失敗に対する経営者責任を認識してもらい，話し合う必要があるとX銀行の部門長は考えている。

> 　会計感覚のない丼勘定でやっている経営者が目立ちます。それでは，業績が落ち込んだときに立て直すヒントがみえてきません。経営者には，業績不振は経営者の責任と認識してもらうまで，とことん話し合います。そこから動機づけていき，再建意欲を持ってもらうことが我々の主たる仕事です。
> 　　　　　　　　　　（B/K部門長, 2009/8/31, 参与観察中の聞き取りによる）

　ここでは，実行意欲を失った経営者に対して，金融機関から説得されたD社の事例を取り上げる。筆者はD社との面談に立ち会った。場面は次のとおりである。D社は2007年に再生計画の策定を果たしたが，計画どおりの結果を生み出せず，リーマン・ショック後は受注減で会社の存亡の危機に立たされた。2009年5月に信用保証協会を通じた追加の融資で1,500万円，8月にさらに200万円追加の融資が実行され，再生支援部門の部門長は経営者に厳しい姿勢で接した。9月になると，資金繰りがまた厳しくなり自己破産も視野にいれて弁護士と相談したが，最終的には，事業存続を目指して，改めて金融機関と面談することになった。経営者が弁護士と相談していることから，金融機関では経営者の実行意欲はすでに失われていると考えられていた。

> 社長：返済を待っていただいてでも，事業継続が可能なら続けたいです。従業員は9名で，交代で休んでいます。2月から雇用調整をして，補助金をもらっています。工作設備の仕事が回るようにはしています。
> B/K担当者：誰もできないなかで貸し増しが必要ということですか。
> B/K支店長：今は元金の返済を止めています。
> B/K部門長：金利も止めたら保証協会も代位弁済が必要です。汗を流してでもがんばり続けてほしい。
> B/K支店長：事業継続のエビデンスを求めましたが，どのようにお考えです

> か。達成可能性についての確信はどの程度ありますか。
>
> 社長：思っていたより受注状況はよくないので，正直言えば不安です。以前と比べれば，堅実に増えつつありますが。
>
> B/K担当者：身の丈にあった固定費が必要で，8月の時点で貸したときには，9月の初めでダメになるとは思わなかった。2月くらいから，固定費を下げてくださいとお願いしてきました。社長の役員報酬を下げて，7百万円程度の売上があれば，身の丈にあうと考えていましたが。
>
> 社長：損益分岐点で7百万円くらいです。
>
> B/K担当者2：現場は今で5名だが，以前は10名いましたよね。注文を受けられずに，キャパシティ不足になっていませんか。
>
> 社長：仕事はすべて受けています。必要なら外注に出します。
>
> B/K担当者2：8月末にある製作所から受注があるとなっていますが，新規営業は他にしていないのですか。
>
> 社長：100で見積りを出したとしても，90，80で注文がきます。時間チャージで1,000円を切らないものを受けるようにしています。時間チャージで2,000円，2,500円にならないかと思ってやっています。
>
> B/K担当者2：(時間チャージで受注しないという方法以外に) 損して得をするというやり方もあるのではないでしょうか。
>
> 社長：試作段階を入れると，本当は時間あたり1,500円必要なのです。

　経営者は，新規受注を獲得するための営業活動をしているが，なかなか採算のとれる受注につながっていないことを説明した。そこで，金融機関から自社の強みについて問われた。

> B/K部門長：社長の技術を必要としている会社はありますか。自社が苦しいことを伝えていますか。潰れたら困るところはありますか。他に支援できるところはありませんか。
>
> 社長：逆に警戒されるのではないでしょうか。

> B/K部門長：それなら，困らないということかもしれませんね。
> 社長：自社にしかできないコア技術はありません。

　事業継続のための相談ではあったものの，経営者から前向きの発言がみられないため，金融機関より経営者の本心が問われた。

> B/K部門長：この局面で危機感が伝わってきません。本心はどうですか。
> 社長：実際には諦めました。事業を続けたいですが，方策がありません。金融機関で金利を止めてほしい。
> B/K部門長：既存顧客も新規顧客も，取引が切れたところも，もう1回営業に行ってきてくださいと頼みました。それで，事業継続に関するエビデンスをくださいとお願いしました。今後の営業策として1枚の紙をもらいましたが，あれではやる気が伝わってきません。
> 社長：何件か回ってきましたが，うまくいきません。
> B/K部門長：売上はもう上がりませんか。
> 社長：330万円で限界です。
> B/K部門長：150万円が給与。150万円が外注費。なんとか破産しないで，事業を継続させませんか。支店にも行ってもらいます。あと，3カ月は待ちます。本来ならこのような対応はできません。

　具体的な営業活動とそれを示す書類，営業方針，自社の強みに対する考えを通じて，経営者の実行意欲が失われていることが，再確認された。金融機関は，具体的な行動計画と行動実践に対する確認を行い，経営者の実行意欲を喚起しようとした。面談から2週間が経過した後に，支店から再生支援部門の部門長に電話があり，追加の受注があったこと，現時点では前向きな実行意欲をもって事業継続に向けての活動を行っていることが報告された。

5.4. 経営者意識（将来願望と実行意欲）の最終確認

　本章の第2節では，積極的な将来願望をもつ経営者が，会計数値の目標設定を通じて現実的な将来願望を有するように誘導される事例をみた。次に，第3節では，実行意欲の消極的な経営者に対して，行動計画の確認を通じて積極的な実行意欲が喚起される事例をみた。では，経営者の意識改革が果たされたのちに，経営者意識が金融機関の期待に応えているとどのようにして判断されるのか。

　ここでは，一度は積極的な将来願望により，事業経営に失敗したものの，現実的な将来願望と積極的な実行意欲の双方をもつことで，金融機関より評価され次の段階に進んだE社の事例を取り上げる。筆者はE社との面談に立ち会った。場面は次のとおりである。製造業を営むE社は，設備の過剰投資と2代目の常務が多角化投資に失敗し，過大な負債を負った。もともとは他行がメインであったが，X銀行がメインバンクとして再生案件に取り組もうとしてきた。半年ほどかけて再生計画の策定が行われ，経営者の意識改革が進んでいるということで，部門長が経営者意識を確認し，再生計画の最終判断が下される場面となった。担当者の事前の説明では，経営者は信頼できる人物だろうとのことであった。計画書によれば，新規事業で失敗したことにより70百万ほどの損失を被ったが，本業での改善が行われれば，安定したキャッシュ・フロー20百万円が見込まれる。面談の最大のポイントは，常務が関与する新規事業をどのように完全に切り離すか，また常務が会社の資金を持ち出せないように，歯止めをかけられるようになっているかを確かめることである。

B/K部門長：企業再生の話をいうと，事業は適切に行っていたが，過去の投資の失敗により行き詰まったという会社が100件以上あります。業界不況のものは，再生土俵にあげやすい。しかし，別のところに資金を使ったというのは，再生に乗せにくい。どのように反省しているのでしょうか。今後は常務が中心として，やっていこうという決意はどうでしょうか。また，過去の投資は誰の主導で行われたのか。その点について，お聞かせください。

常務：以前は大手の下請をやっていましたが，8年前に先代が亡くなり現場が不安定になったことと，大手の支店長から仕事を引き上げると言われたことがありました。その後に，母が社長になりました。仕事としては変わっていませんが，ちょっとした問題でクレームがあり，母が泣き崩れてしまいました。もう苦労させられない，大手に切られたら企業存続できないという事情があり，異業種に手をのばしました。

　私より下が中心で，若手を育てていこうということと，何か独自なことをする必要があると考えていました。母親も下請だけではダメであると考えるなか，新規事業に軽はずみに手を出したのが正直なところです。自分でも1からビジネスをしたかったということもあり，5年前にスタートしました。

B/K部門長：もともとは大手の下請だったんですね。

常務：祖父の時代に事業を開始しました。20年前ほどに先代が大手から月間20万円程度で仕事を受けるようになりました。本格的に仕事をもらうようになったのは，震災以降で年間6千万円ほどです。父が死んだのが8年前。父が10年前に追加受注を増やすため，投資をしましたが，結果としては過剰な投資でした。父が亡くなるまでの2年間がしんどかったです。

B/K部門長：借入金が増えた要因には何がありますか。

常務：工場で水処理の問題があり，水処理の設備を入れるために総額120百

> 万円の借入れを他行よりしました。
>
> B/K部門長：後から発生した投資についてはどうですか。
>
> 常務：70百万円くらいです。私の判断で。借入れ時に銀行には説明しました。
>
> B/K部門長：本業として借りましたか。
>
> 常務：はい。一応は副業の説明もしました。
>
> B/K部門長：投資の効果は説明しましたか。
>
> 常務：いいえ。しっかりはしていません。実際，投資をやって，うまくいっていないのはわかっていました。結局は本業からも資金を回しましたし，そのときに，他行との付き合いも考えてX銀行から50百万円を借りました。いつこれ以上は貸せないと言われるかと思いながら，本業に戻らないといけないとは思いつつも。それでも，メガバンクがさらに貸してくれると言ってくれました。これで取り返そうと税理士にも相談はしていました。根本は自分が甘かったんです。

　新規事業の失敗に対して，経営者がどのように反省しているのか，新規事業を行った経緯について確かめられた。ここでは，会計数値の目標についての議論は行われず，経営者の将来願望は誘導されなかった。次に，経営者がどのような実行意欲を有しているのかについて確かめられた。

> B/K部門長：過去に本業では無理と判断されていますが，事業の整理をしようとは考えませんでしたか。
>
> 常務：それはないです。去年くらいまではリピートで仕事はありましたし。
>
> B/K部門長：現状はもっと悪化していて，金融機関から借りられません。来月の資金繰りが厳しいという場合が多いです。一番気になるのは事業の失敗を次にどのように生かしていくのかです。どこで経営者の責任をとるのか，経営者の責任を計画に織り込むのかです。企業再生に失敗するのは，そこまで悪くなっていないがゆえに，同じような過ちを繰り返す場合です。最後に問いたいのは，常務の認識についてです。失敗の認識

と今後についてどのように考えているのでしょうか。より長期的な融資をしますので，情報をオープンにしてもらえますか。

常務：2008年に別の下請をやめました。年間42百万円の仕事でしたが赤字だったので。やめる前まではそれがあったので，資金が回っていました。代わりの42百万円の経費削減はなかなか難しいです。多くて月に5，6百万円，少なくて3，4百万円の収入がありましたので，その仕事をやめてから資金繰りが苦しくなりました。それに対して，昨年の11月から現場の改善の取組みをして経費の削減を目指しています。もともとは，現場に任せっぱなしでした。朝の5時から，晩の10時まで工場を動かしていて，みんな納得していました。ただ，私は現場上がりなので，もっと仕事を早くできるのではないかという自信はありました。ここまで，1年かけても42百万円はまだ取り返せていません。一昨年から原油の価格が上がったのは想定外でした。

B/K部門長：利益が出る体制にはなっていますか。

常務：税理士の先生と一緒に計画を作り，利益が出るようになりました。

担当者：これまで減価償却をしてきませんでしたが，今後は減価償却費を入れていけると思います。

B/K部門長：経営者責任として，役員報酬を減らす覚悟はありますか。

常務：もう実行しています。人件費は計画以上に下がっています。なくなった仕事の収支は当初とんとんでしたが，原油価格の上昇で赤字化しました。非効率の製品をやめたいと交渉しましたが，効率のよい製品まで切ることになりました。それでやめたのが2008年です。仕事がなくなった昨年の7月から改善に取り組めばよかったと思います。これまで何とかなるだろうと思っていましたが，みるみる資金繰りが悪化していきました。それで11月から改善をスタートしました。今期はもっと原価が下がらなければおかしいと思います。

E社の再生計画の骨子は，不採算の得意先との取引をやめ，役員報酬を下げ，工場の原価改善に取り組むことであった。その行動計画が順次進められていることだけでなく，十分な事業意欲があることが確かめられた。次に，部門長は売上の大きな割合を占める大手取引先の状況について質問し，安定的な売上が続くのかを確かめ，経営者の将来願望について問うた。

> B/K部門長：大手からの仕事は安定的ですか。
> 常務：はい。
> B/K担当者：近隣で5社ほど下請がありますが，ここでしかできないものがあります。
> 常務：先代の投資で，特殊プレス機械があって特殊加工できるのは当社の強みです。プレスは様々なパーツを細かく変形させるので，工数がかかります。最近では，工数のかからない素材も登場していますが，まだまだプレスの需要はあります。1日3回配達しています。プレスは我々の強みです。

会社の設備に強みがあること，売上が今後継続することが示され，経営者による将来願望が金融機関の期待するものとなっていることが確かめられることとなった。ここでも，会計数値の目標が確かめられるわけではなく，本業に特化していることの確認が行われた。最後に，部門長は，X銀行をメインバンクとして長期的に取引していくことを確認した。

> B/K部門長：今は我々がメインという認識でよいですか。
> 常務：はい。それはそうです。
> B/K部門長：もう投資をしないでください。するなら事前にご相談ください。
> 常務：仕事は嫌いじゃないので，頑張ります。

部門長は，帰りがけに正直に話せることの重要性について次のように述べ，

経営者が十分に信頼できる人物であることが示された。

> B/K部門長：再生は経営者です。過去は関係ありません。こういうところを再生しなければいけません。全部さらけ出してからが再生の始まりです。会わないとわかりません。
> B/K担当者：最初に面談したときに，相当厳しく話しておきましたので。

その後，部門長より信用保証協会宛に，次のような評価と支援に関する依頼文が送付された。以下は，その文面の抜粋である。

> 　常務は，大手の下請けがメインでは，将来の安定した経営に不安を抱き，本業以外に投資を行い，結果として失敗し，70百万円強が回収不能になりました。その結果，借入金過大となり償還能力不足により資金繰りが窮境となったものです。
> 　常務は，この失敗を強く反省され，本業での立て直しに全力で取り組まれています。大手の下請けと特殊加工で利益確保を目指し，固定費削減，不採算取引の解消を順次実行され，キャッシュ・フローは増加し，実績として今期も順調に推移しています。
> 　同社の窮境要因が，本業以外への事業投資であったことは事実ですが，現状の実権者である常務の再生にかける意欲と決意は，十分に感じられます。
> 　財務内容もすべて開示され，業況のモニタリングもしっかりと行える企業であり，また，地元での雇用においても存続させる意義は大きいと考えます。
> 　従って，同社の再生支援について是非ともお願いしたいと考えます。本件の取り上げを検討いただきますようお願いします。
>
> 　　　　　　　　　　　　　　　　　　　　　（B/Kからの依頼文による）

信用保証協会からの反応として，新規事業に関して追加の投資が行われないエビデンスが求められることになったが，最終的には，再生計画は承認された。

E社の場合，本業以外の投資による失敗により事業の継続性が困難となり，経営者の将来願望が金融機関の期待と乖離していた。しかし，再生計画の策定を通じて経営者の意識改革が果たされ，本業に特化するという現実的な将来願望を有していること，また，現場改善をはじめとする計画に対する実行意欲の高さが示されたことで，経営者意識と金融機関の期待が一致した。その結果として，再生プロセスが進展することが，E社の事例を通じて明らかになった。

また，E社の事例は，過去に多角化経営を目指して本業以外の投資に失敗したが，継続的なモニタリングを通じて，キャッシュ・フローの生成能力があることがわかる事例であり，第4章の第3節第5項で述べた顕在的な能力に対する信頼が構築される事例を示す。

5.5. 小 括

本章では，平均的な経営者の意識が期待できない場面，すなわち再生企業の経営者の将来願望が金融機関の期待よりも積極的な場合や，実行意欲が低すぎる場合に，どのように経営者意識が誘導，喚起されるのか，また，その改善結果がどのように確かめられるのかを述べた。そして，企業再生計画の策定を通じて，金融機関の期待する現実的な将来願望と高い実行意欲に達するように，経営者の意識計画が行われることを明らかにした。

企業再生が必要な場合に金融機関が期待したのは，現状の損益見込から改善案が盛り込まれて作成されるような現実的な将来願望に基づく再生計画であった。また，策定された再生計画を達成するためには，高い実行意欲が求められる。したがって，企業再生に成功するには，現実的ではあるが多少の積極性をもつ将来願望と高い実行意欲が経営者には求められることになる。これは，企業再生に限らず通常の経営に求められることである（Collins & Porras, 1994）。

しかし，現実には多くの経営者が理想とは異なるタイプとなっており，理想

的な方向に誘導される努力が行われていることがX銀行の事例からは明らかとなった。理想と異なる経営者には2つの典型的なタイプがあると考えられている。1つ目のタイプが，達成が容易ではない再生計画を思い描く積極的な将来願望をもつA社のような経営者である。この場合の経営者に対しては，将来願望を現実的なものに誘導する努力が行われる。2つ目のタイプが，企業再生後の経営に失敗し，もはや企業再生のための将来願望を描くことができず，また計画に対する実行意欲も低いという，ともすれば法的な整理に向かうようなD社のような経営者である。このタイプの経営者には，積極的な将来願望をもってもらうとともに，実行意欲を喚起していくように説得が行われる。E社のように，一度は積極的すぎる将来願望により，本業以外の投資を行い経営不振に陥ったが，その後の経営改善で，現実的な将来願望を有しつつ，十分な実行意欲もあると捉えられれば，再生計画は前向きに評価されることになる。これらをまとめたものが，**図表5－1**である。

　本章では，夢想的な経営者の将来願望を現実的なものにいかに誘導するのか，実行意欲に欠ける経営者に対して，いかに実行意欲を喚起するのか，その誘導プロセスを明らかにした。

第5章　再生計画の策定における経営者意識の確認と誘導　135

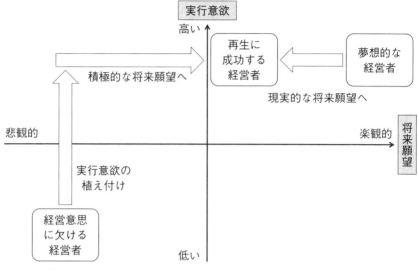

図表5-1　将来願望・実行意欲と経営者のタイプ

出所：筆者作成

●注
1　Y銀行はX銀行と同一エリアで事業を営む。企業再生に関しては，協調しながら企業支援を行い，類似の方針をとっている。ここでとりあげるのは，参考意見ではあるが，X銀行においても共通して認識されている事項であるため引用する。以下も，同様である。

第6章

金融機関と会計専門家の
コラボレーションによる
戦略計画の修正

6.1. はじめに

　会計計画と事業計画からなる戦略計画の策定を担当するのは，元来経営者であり（Anthony, 1965），大企業においては，戦略計画の策定と実行における情報を提供する担い手が，CFO，コントローラーを中心とする管理会計担当者である（Baxter & Chua, 2008）。しかし，中小企業の場合は経営者の能力および管理会計担当者の能力に限界があり（Merchant & Ferreira, 1985; Marriott & Marriott, 2000），投資経済計算プロセスにおいて一部を銀行が担当しており，中小企業と銀行との二人三脚により経営が行われることは知られている。

　特に，企業再生における計画策定で中小企業独自による策定は必ずしも期待できないことから，その策定のための金融機関や会計専門家によるコンサルティング機能への期待が高まる。しかし，中小企業の再生計画の策定と実行において誰が計画策定に関わりどのような役割を果たしているのか，外部による計画策定支援が企業業績の向上とどのように関係するかは，これまで十分に検討されていない。

　第2章第4節第3項でみたように，戦略計画担当者の役割には，①創発してきたパターンに気づいて，すでに実現されたパターンを理解するために行動を解釈し，明確化する戦略の発見者としての役割，②社外環境の戦略的な分析，社内環境の戦略的な分析とシミュレーションを行い，当初に意図された戦略の精査と評価を行う分析者の役割，③意思決定者に，計画作成方法に関する情報を提供することを通じて，管理者に戦略的思考を行わせる触媒の役割があり，戦略計画の策定は社内の重要業務であると知られる（Mintzberg, 1994）。本章では，これらの先行研究の知見に立ち，企業外部のプレイヤーが企業の戦略計画の策定に参加するという新しい設定のもとで，金融機関・会計専門家と企業の相互作用を通じて再生計画が具体化することを示す。

以下では，現場の認識を起点にして議論を展開する。まず，第2節では，金融機関から会計専門家に対してどのような期待がもたれているのか，また会計専門家はどのようにして，その期待に応えようとしているのかについて整理する。第3節では，金融機関・会計専門家のコンサルティング機能を通じて再生計画が修正される事例を述べ，第4節で小括する。

6.2. 金融機関の会計専門家に対する期待と会計専門家の役割認識

(1) 金融機関による会計専門家への期待

第5章で述べたように，金融機関は現実的な将来願望と高い実行意欲を経営者に有してもらいたいと考えている。そして，再生計画は，現実的な将来願望に基づいて策定されることを期待する。企業単独で再生計画を策定するのは困難なので，外部の金融機関や会計専門家の支援を受けることになる。X銀行が外部のコンサルタントに計画策定の支援を依頼するのは，金融機関のみで企業再生に取り組むだけでは，なかなか成果が上がらない場合である。

> 我々がコンサルタントに入っていただくのは，なかなか（窮境状態から）脱出できない企業で，それ以外の企業は我々でできます。本当に我々だけではどうしようもないのでコンサルタントに入ってもらっているのですが，苦労しても業績をあげるのはむずかしいです。経営計画を作っても7割，下手をすると8割は計画どおりいきません。そのような計画どおりにいかない取引先のためにかなりの時間をかけ，苦労をしています。
>
> （B/K部門長，聞き取り調査による）

また，金融機関が会計専門家を利用する目的の1つとして，案件の難しさだけでなく，会計専門家の中立性が期待されている。

> 　我々金融機関が一番重要視しているのは，やはり会計士さんなどの中立的な立場で客観的に診断してもらえる人です。金融機関サイドからも見ますが，一方的な話になっても患者として納得しませんから，「客観的に見てもこのようになっていますよ」と言ってあげることでようやく気づいてくれれば，ある程度レールに乗ります。そこからも色々な苦労がありますが，そこにもっていくまでに非常に苦労します。
> 　　　　　　　　　　　　　　　　　（Y銀行再生支援部門長，聞き取り調査による）

　金融機関は会計専門家に対して，経営改善に対する専門知識と，中立的な立場としての客観的な判断を期待しているが，企業再生計画自体の責任はあくまでも経営者に求められる。つまり，外部の支援を受けて作成される再生計画では，あくまでも経営者の将来願望を再生計画として表現することが求められる。これについて，再生支援部門の部門長は会計事務所向けのセミナーで次のように述べた。

> 　先生方に介在してほしいですが，経営者の思いが入っていない計画は認めません。昔はいい計画を作って失敗しました。あくまでも数字の責任は経営者の責任です。
> 　　　　　　　　　　　（B/K部門長，2009/8/26，会計事務所向けセミナーにて）

　会計専門家が，専門家として分析を行い，返済計画に見合うように作成した再生計画は，一見すると合理的にみえる。しかし，金融機関が経営者と面談したときに，経営者が金融機関からの質問に対して適切に回答できず，経営者が再生計画を理解していないことが露見し，経営者の将来願望を反映したものではないと判断されれば，合理的にみえる計画であっても金融機関には受け入れ

られない。

　また，会計専門家が積極的な将来願望をもつ経営者の考えに基づいて再生計画を策定する場合には，再生計画の実現可能性が低いと判断されるため，第5章でみたA社のように金融機関には受け入れられない。そこで，A社の事例のように，再生計画が一度策定されても，積極的な将来願望を現実的な方向へ誘導し，金融機関の企業再生支援部門の担当者が直接企業に出向いて，経営者だけでなく，経営幹部も参加した再生計画の修正を行うことが提言される。

　ただし，金融機関が直接企業に出向いたとしても，金融機関が意思決定を行うことをせずに，最終的な意思決定は経営者の判断にゆだねられる。

> 　金融機関が主導してこの事業をやめるということはしません。撤退したほうが利益は出るであろうというトーンでしか話ができません。断定して結論を迫ることはしません。明らかな赤字部門の撤退は比較的経営者も認識しているのですが，微妙な部門もあります。金融機関は「ここは撤退」，「この事業は縮小するべき」と主張していても，経営者は「絶対にこれはやりたい」，「赤字ではない」と言います。そういう議論が最近多いです。正直，金融機関がどこまでそこに踏み込むのかは非常に難しくて，ほぼ毎日この話をしています。
>
> 　　　　　　　　　　　　　　　　　　（B/K部門長，聞き取り調査による）

(2) 会計専門家の役割認識

　ここでは，X銀行の企業再生案件のコンサルティング活動に数多く携わってきたV会計事務所の担当公認会計士I氏による説明に基づいて，会計専門家の役割として金融機関からどのような期待があるのかを整理する。

　会計専門家I氏は，企業再生における会計専門家の役割として，①合理的で実現可能な数値計画を作ることと，②実際の経営改善を果たすことを期待されていると認識している。

> 経営改善計画，いわゆる事業再生の仕事では2つの要素が求められます。1つは当然合理的で実現可能な数値計画を作ることがあるのですが，一方で形式的な数字だけではなく，我々外部の専門家が会社の中に入って，実際に損益を改善させることが非常に期待されていると痛感しています。そのなかには，経営層の方々の考えが，間違っていることも多々ありますので，その間違いを指摘しながら計画を作っていきます。なぜかというと，事業再生をしなければいけないような会社の場合，失礼かもしれませんが，会社が思っていることをそのまま行っても，うまくいかない場合が多いということです。
>
> （会計専門家Ｉ氏，聞き取り調査による）

Ｉ氏は，経営者の考えのままに計画を策定しても実現性が低いことについて理解しており，経営者の将来願望をあるべき方向に誘導して，経営計画を修正することが必要であることを課題として，金融機関と共通の認識を有する。

Ｉ氏によれば，会計専門家に求められる能力には4つある。それは，①会計に対する知識と経験，②経営戦略論に関する知識，③カウンセリングとコーチング能力，④会社の業績を改善したいという会計専門家による願望である。

1点目の会計に対する知識と経験は，財務デュー・ディリジェンスと事業デュー・ディリジェンスができて，計画策定に関する報告書をまとめることである。報告書に関するポイントしては，次の5点が重要であると考えられている。

> 「事業全体の方向性を定めましょう」，「売上・粗利を改善しましょう」，「経費を削減しましょう」，「お金を作りましょう」，「経営管理体制を構築しましょう」という5点を大体網羅していれば，そこまで変な調査報告書はできあがらないと思っています。経営改善の方向性を見据えた上で，現状における課題を指摘し，その課題に対する解決策を導くことで，それが計画の骨

> 子となって会社が立ち直っていくための道しるべとなるという考え方です。
>
> （会計専門家 I 氏，聞き取り調査による）

2点目の経営戦略等の基礎的な知識については，企業の進むべき方向性を検討するためのポーターの競争戦略論をはじめとするコンサルティングで用いられる戦略論の知識である。用いられる理論は，難しいものではなく，経営者に容易に理解できることが重視されている。また，マクロ的な市況分析や市場分析については，中小企業の場合，会社規模が市場に対して小さすぎるため，あまり有効ではないと考えられている。市場に関する情報は，経営者の把握している情報が1つの有力なファクターとなる。

3点目のカウンセリング能力とコーチング能力は，会社と意見が衝突する場合や，会社と意見を調整するために必要と考えられている。I氏はカウンセリングとコーチングにより経営者の考えをうまく引き出し，整理を行うことを目指している。

> 我々が考えているコンサルティングは少し違って，カウンセリングとコーチングという要素からなると考えています。カウンセリングは，相手の考え方を受容的に聞く，反論しない，否定しない，意見を言わないということで，最初，お伺いしたときの2日間くらいは，私はほとんど自分の考えを言いません。会社がどのように考えているのか，どういう実状だと思っているのかを聞くことから始めます。なぜかというと，どんな場合でもそうだと思うのですが，外部から人が来て「こうするべきです」という話をすると必ず「お前は当社の特殊な業界のビジネスをわかっていない」という話になります。本当はそれほど特殊でもないのですが，「こうするべきです」という話をすると会社が感情的になってうまくいかないことが多かったので，まず聞くということを大事にしています。コーチングは一時期流行りましたが，社長様もAという考え方とBという考え方の間を揺れ動いていて，両方が矛盾する

> ということがよくあります。そういう場合に，相手の考え方を会話の中でロジカルに整理することをよく言っています。「仮にこうだったら，どうしますか」，「仮にこうだったら，どう考えますか」というように，制約条件を外して頭の中を整理していくようなやり方です。なぜかというと，銀行や我々コンサルタントではなく，社長様もしくは会社が決断したという感覚が将来的に計画を実践していく上で大切になるからです。
>
> （会計専門家 I 氏，聞き取り調査による）

このように，会計専門家によるコンサルティングは，第三者の立場からまず経営者の考えを聞き，そのうえで，経営者の考えを論理的に整理しながら誘導していくことであると捉えられており，金融機関による期待と同じ方向で考えられている。

4点目の会社の業績を改善したいという会計専門家による願望は，知識や経験よりも重視されており，外部の第三者であったとしても，擬似的に経営者の立場になることが目指されている。

> 実務専門家，もしくは金融機関の方に会社の業績を良くしたいという強い思いがないと，なかなか会社も「よし，頑張ろう」という気持ちになってくれない場合が多いと最近痛感しています。それは訓練したからといって身に付くものではありませんが，私個人としては一番悩んでいるところです。
>
> （会計専門家 I 氏，聞き取り調査による）

> 会社の業績を良くしたいという思いをもつことは知識や経験よりも大切で，会社の内部にどこまで入り込むかに関わっています。よく聞くのは，社長や経理の方だけではなく，営業の部長，課長や総務の方，他の従業員の顔が見えるような状態になれば大体その会社の内情がわかっているという判断になります。当然ですが，自分が社長だったらどうするのかを考えながら普段業

務に取り組んでいます。

（会計専門家I氏，聞き取り調査による）

　3点目のカウンセリング能力とコーチング能力のように第三者の立場をとる一方で，経営者の立場に立ち，業績改善を目指すという擬似的な当事者意識を持つことにより，経営者意識を誘導できると考えられている。

　以上より，会計専門家I氏は，金融機関からの期待を理解して，企業再生に取り組んでいることが明らかになった。金融機関から求められている専門家としての知識に加えて，中立的な立場からコンサルティングを行うことが要求されている。

　会計専門家に対する期待と，求められる能力の関係は次のような対応関係にある。合理的で実現可能な数値計画を作ることという期待に応えるために，主として①会計に対する知識と経験，②経営戦略論に関する知識が必要とされる。そして，実際の経営改善を果たすという期待に応えるために，③カウンセリングとコーチング能力，④会社の業績を改善したいという会計専門家による願望が必要とされる。

6.3. 金融機関・会計専門家によるコンサルティング機能を通じた再生計画の修正

　前節では，金融機関による会計専門家への期待と，会計専門家が金融機関からの期待をどのように理解し，それに応えるためにどのような能力が必要と認識されているのかについて述べた。

　本節では，金融機関が会計専門家とのコラボレーションを通じてコンサルティング機能を発揮した典型的な事例として，会計専門家I氏が再生企業の計画策定に携わった再生企業U社を取り上げる。なお，U社については参与観察によって得られたデータではなく，インタビューデータとX銀行による説明資

料からまとめている。

　本事例では，会計専門家が関与してU社の第1次再生計画案が出された後に，金融機関の再生支援部門の担当者H氏が一定期間U社に赴いて，会計専門家と連携を図りながら再生計画を修正する過程を，インタビューデータ，関連文書から得られたデータに基づいて述べる。そして，上述の金融機関の期待と，会計専門家の認識のもとで，再生計画の修正を通じて，どのように企業のMCSが変化するのかを明らかにする。

(1) 再生案件になるまでの経緯

　U社は創業80年を超え，木工部品の加工販売および部材の仕入販売業を営んでいる。従業員は約100名，売上規模11億円程度，借入金総額が8億円を超え，X銀行をメインバンクとしてきた。U社の顧客は小規模業者と量販店からなり，小規模業者向け商品のブランド力はあったが，競争の激しい量販店向けの商品の採算性が悪化していた。売上高が年々減少するなかで，毎期2百万円程度の経常利益を確保していたが，実際には売掛金と棚卸資産が増加していた。返済額が多いので，債務返済を繰り延べるリスケジューリングの可能性の検討が行われてきた。再生支援を担当するH氏は2009年当時の状況を次のように説明する。

　　3年ほど前に私がこの部署に異動してきた頃は，経常利益がある程度あり，減価償却があるような企業は再生しやすいのではないかと考えていました。(中略) この会社は正常先になっていましたが，年間のキャッシュ・フローが700～800万円しかないにもかかわらず，年間の返済額が6,000万円となっていました。(経費削減等により追加のキャッシュ・フローを生み出して，年間返済額を見直せば) 資金繰りがアンマッチしている点を解消して再生できるのではないかと考え，こちらからアプローチしていました。

　　　　　　　　　　　　　(B/K再生支援部門　H氏，聞き取り調査による)

第6章　金融機関と会計専門家のコラボレーションによる戦略計画の修正　*147*

　リスケジューリングを行う前提として，公認会計士による財務デュー・ディリジェンスと事業デュー・ディリジェンスと経営改善計画の策定を会社に勧めたが，会社にはデュー・ディリジェンスに対する抵抗感があった。2010年になり，資金繰りが悪化し，U社は追加融資を申し込んだが，X銀行では受け入れられず，最終的に返済を停止した。金融機関より経営改善の話が再び提案されたが，自ら経営改善策を考えるということで，U社より売上の増加策が提出された。

> 　その計画は少し無理があるのではないかと問いただしたところ，最終的には粉飾をしていたことを自ら話されました。その後，コンサルタントの介入により再生をしていくことになり，お客様の同意を得て財務デュー・ディリジェンスをしました。
>
> （B/K再生支援部門　H氏，聞き取り調査による）

　財務デュー・ディリジェンスの結果は，過去の架空売上により多額の架空売掛金が計上されていたことをはじめ，さまざまな財務数値の修正が行われた結果，債務超過となっていることが明らかになり，会計データの均質性を欠いていた（Bracker & Pearson, 1986）。粉飾を前提にした売上増加策を提示する現状のままでは通常の再生支援は困難なことから，自助努力で可能な改善を図ってもらうことになった。そこでU社は公認会計士とコンサルティング契約を結び，自助努力を図りながら2010年夏頃に第1次再生計画を策定した。ここで，公認会計士は会計専門家として，デュー・ディリジェンスを行い，U社の実態把握をし，分析者として第1次再生計画の策定に携わった。

(2) 第1次再生計画に対する実行可能性の判断

　そもそもU社の窮境要因は，2001年に関連会社の関係で債権放棄を約4億円弱行っていることに加えて，景気悪化による売上高の減少に対して，人件費の削減が進まなかったことがあげられる。経営者が公認会計士とともに策定した

第1次再生計画の骨子は次のとおりである。

> ① 小規模業者向けの商品は高級品としてブランド力があり，高い売上総利益率を獲得していた。しかし，大手量販店向けは激しい価格競争があり，製造量を確保するための赤字受注があった。それに対して，量販店向けは粗利が低いため，粗利率が15％未満の客先に対して値上げ交渉を行い，値上げ交渉が行えないものは取引を廃止することを決定する。
> ② 売上高拡大については，小規模業者に対して，ネジ，クギ，鋳物等の部材を売ることで，仕入販売の増加によって売上を拡大する。また，ブランド力のある高級品として，高い価額で販売できる新たな他地域の顧客を増やす。
> ③ 製造量の減少と製造工程の見直しをし，製造人員が減少することにより，3,500万円の原価削減を行う。また，管理部門と営業部門の人員見直しにより，4,000万円の原価削減を行う。
> ④ 粉飾防止のために執行役員制度を導入し，コンサルタントを入れた月1回のモニタリング報告会を実施するガバナンス体制にする。また，経費の支出に関する予算化と支出の承認を行い，内部統制を明確化する。
>
> (U社第1次再生計画書による)

上記計画に対して経営者へのヒアリングの結果，次の点に関して経営者から満足のいく説明がされず，金融機関として数値計画と実行計画の整合性に疑問符がついた。

> ① 量販店向けの売上と小規模業者向けの売上の割合を比べると量販店向けの売上が大きいにもかかわらず，「小規模業者向けだけで利益が出る」としている点が楽観的である。
> ② ブランド力があるにもかかわらず，なぜ仕入商品の販売をしなければならないのかという点に疑問が残る。

③　リストラを中心とする原価削減策の実行力が明確でない。

(聞き取り調査による)

　金融機関より改善計画の見直しが勧められる一方で，改善計画に対してモニタリングが数カ月ほど行われたが，計画の見直しは行われず経営改善が進まなかった。資金繰りも悪化しているが，過去に粉飾をしていたこともあって追加融資もできず，この会社の存亡があやぶまれる事態に陥った。

(3) 実地検証と浮かび上がる問題点

　会社の存続を見極めるため，再生支援部門の担当者H氏がリーダーとなり，2010年の秋に再生計画における行動計画に対する検証を行うことになった。キックオフミーティングにはX銀行の再生支援部門の部門長が参加し，会計専門家I氏も数日参加した。まず，H氏は社員からアンケートをとるとともに，工場を見て回った。その過程を，再生支援部門の部門長は次のように述べる。

　　社員のアンケートをとりました。まず最初に，全員で会議をして，1週間のスケジュールを立てました。たとえば，明日は工場の中をくまなく説明してもらって，工場社員へのヒアリング時間の割り振りまで準備する。3日目は営業部隊に少し時間をもらって，全員にヒアリングをするといったことです。そういったスケジュールを前もって用意していました。その入口は何かと言えば，全社員に取ったアンケートです。それを集計して，最後に開示します。そのなかに会社の色々な角度からの問題点が書いてあります。社長の意思と異なるものもあり，その事実を社長に開示します。

(B/K再生支援部門　部門長，聞き取り調査による)

アンケート結果をふまえて,経営幹部に対するヒアリングが1週間続いた。

> 　行かせてもらったときに,金融機関と話をしたことがない社員と話をしました。経理や社長としかお話をしたことがないのに,工場の中のチーフや営業の普通の担当者と話をすることは,その会社でもないですし,金融機関としてもあり得ないことだったと思います。
>
> 　　　　　　　　　　（B/K再生支援部門　H氏,聞き取り調査による）

そこで,第1次再生計画が経営者の考えを具体化したものであり,現場の問題意識が十分に反映されていなかったことが明らかになった。一番の問題は,会社が,商品ごとの労務コストと粗利の把握を行っていたにもかかわらず,それを生かして利益率を用いた価格交渉ができていなかった点である。

営業担当者は個人別の売上高によってインセンティブ報酬を得られることもあり,標準原価に一定額の利益を上乗せして販売価格とするルールを厳守せずに営業活動を行っていた。そして,誰も採算管理を行っておらず,製造部門でも採算度外視の受注を容認していた。

また,工場を見学しても在庫量が多く,非効率的な部分が散見された。さらに,部門ごとに自由に経費を発注しており,経費支払いの決済が行われていないことが明らかになった。

ただし,H氏が幹部へ聞き取りを行ったところ,会社の方針の伝達が不明瞭であるが,従業員のやる気について金融機関が考えていたよりも高いことが明らかになった。その状況について,H氏は次のように説明した。

> 　工場部門の責任者やチーフの方にヒアリングをしたところ,「営業が受けた注文に対して文句は言えない」,「自分たちも何とかしたいと思っているが,受注した仕事については誠心誠意取り組みたい」,「同じような商品でもサイズが少し違えば毎回製造工程を変えないといけない。それでも営業が頑張って注文を取ってきたのに,それに対して文句は言えない」,「製造部門として

第6章　金融機関と会計専門家のコラボレーションによる戦略計画の修正

は仕入価格を必死に抑え，営業部門と一緒に製造コストの見直しをしている」とのことでした。…営業の意思決定のままで売られており，そういうことで採算を圧迫していました。製造部門もそれを容認しており，営業，製造，事務という3つの機能が全然機能していなかったことがよくわかりました。…ただし，製造部門，営業部門をヒアリングするなかで，「どうしてもこの会社を残したい」という思いが強くあるのがよくわかりました。

(B/K再生支援部門　H氏，聞き取り調査による)

(4) 第2次計画の概要

　第1次再生計画は経営者によってトップダウンで決定されており，現場の問題が十分に反映されていないことが大きな問題であると考えられた。そこで，営業，経理，製造，開発部門の主要メンバーが集まって会議を行い，従業員全員で計画を見直すことが金融機関より提案され，経営者はその考えを受け入れた。ここで，H氏は，従業員に質問を投げかけ，アイデアを考えてもらう触媒の役割を果たした。

　会社側の意識が変わらないことも多いでしょうし，先生から出てきた資料に対しても「現状ではどうしようもない」ということも非常に多いと思います。それをどのように変えてくのか。自信をもたせることも大事で，U社が特にそうだったのですが，「ブランド力がある」と言われていたにもかかわらず安売り競争に巻き込まれていった会社でした。それに対して「ブランド力がある」ということを熱心に伝えていくことによって，価格を上げていく交渉をしていって，安売り競争に巻き込まれず，高価格帯で勝負できるようになりました。ですので，経営者に対してガンガン意見を言うことも大事ですが，自信を持ってもらうことも大事だと思います。

(B/K再生支援部門　H氏，聞き取り調査による)

そして，2010年11月に抜本的な施策が改めて会社によって策定された。第1次再生計画から大きく変更されたのは次の3点である。

> ① 量販店得意先のうち，粗利率が20％を下回る不採算取引先に対して原則として値上げ交渉を実施する。サイズ変更や，品質変更による実質値上げも含む。ただし，不採算得意先の主要数社に関しては，最低標準価格以上の受注を原則として，一定額の粗利益を確保して操業度を維持する。
> ② 量販店の要請に応えて類似する多種の製品を製造することによる製造の非効率性を改善するため，年間の粗利益が40万円未満の品目は原則として廃止して，商品数を180品目から80品目とし，製造工程の効率化を行う。結果として，自社製品の売上は6億から5億へ減少する。
> ③ 仕入販売の獲得策について，新規エリアの獲得についてはすでに実績の出始めている地域を中心に行うが，確実に見込まれるもの以外の仕入販売の売上増加を計画には織り込まない。
>
> 　　　　　　　　　　　　　　　　（U社第2次再生計画書による）

小規模業者向けか量販店向けのどちらに力をいれていくのかという議論に対して，小規模業者向けの利益がより多く出ていることから，新規の小規模業者を開拓していくことが第1次計画の骨子であった。しかし，小規模業者向けの売上を増やすことは不確実性が高いため，本来の主力事業である量販店向けの事業を重点的に見直して利益を生み出す計画に変更された。変更された状況について，H氏は次のように振り返った。

> 商品の見直しはタブーとされていました。ただ，会社を残したいということで，修正後の再生計画のなかにはこれまで手の付けられなかった部分に関する提案も出されました。
>
> 　　　　　　　　（再生支援部門　H氏，聞き取り調査による）

大きく見直された点として，①取引先の取引の撤退基準を単純に粗利率だけで見るのではなく，粗利益率が低くても一定の年間粗利額を確保できる取引先を継続することで操業度の維持を図ることとしたこと，②商品構成の見直しも含めた実質の値上げ交渉を行ったことがある。また，③品目ごとの最低必要粗利益額を定めて商品数の絞込みを行い，その結果として量産効果による製造効率化を図ることとし，製造の改善策がより具体的なものとなった。そして，第1次再生計画で増収策とされた仕入商品の販売先を増やしていくことについては，実績の出ているものを除いて会計計画に織り込まれず，実現可能なものに限定されることになった。

(5) 継続的なモニタリングと再生の完了

2010年11月に第2次計画を策定したU社であるが，年末商戦に向けて，商品の製造が忙しくなるため，1月以降に改善施策が実行された。月次の報告会では，値上げに関して，売値実績と粗利実績を出して，どの値段で交渉するかが報告された。モニタリングの進め方について，会計専門家I氏は次のように述べた。

> 実際のところ，計画を立てる段階においては，これを勉強してから進めましょうという話はあまり通じないので，私のなかでそういうものを頭に浮かべながら，「こういうときにはどう思いますか」という話をしています。それで答えを出すのですが，計画を立てたら終わりではなく，その後，金融機関の方とモニタリングというフェーズに入ります。そうなるとある程度書類を作成するというフェーズは終わるので，「会社の業績をよくしていこう」ということに専念できます。そうなった場合，経営層の方にも時間が少しできますので，経営に関する関連図書を必ず読んでいただき，それをもとに考える雛形を作ることです。それを埋めてもらって「どう思いましたか」，「自分の会社で考えるときに，今までにないような考えは生まれましたか」という話をして，場合によっては「実際に来年はこのようなことに取り組んで

ましょう」という話をしています。

(会計専門家　I氏，聞き取り調査による)

　計画策定とモニタリングにおける議論の重要性について，部門長は次のように述べた。

　　計画は議論をやりつくす必要があります。値上げをする案であれば本当にできるのか，どこの取引先で，いくらやるのかということを全部出してもらい，それをモニタリングで毎月どこができて，どこがまだできていないかをすべて報告してもらいます。やると言ったところをやるといっただけでOKにせず，やり切るところをしっかりと追いかけます。これをやらなければ，なかなか前に進まないことが多いです。それは感じます。

(B/K再生支援部門　部門長，聞き取り調査による)

　その後の継続的なモニタリングにより，計画の実現性が確かめられ，4月に再生計画が承認された。再生後の経過は，不採算取引先の値上げ交渉に成功し売上を確保しながら，計画どおりの人員削減が行われ，**図表6－1**のように2011年の3月から11月までの実績として営業利益ベースで，6,000万円程度の営業赤字から2,000万円超の営業利益へと8,000万円以上の経営改善が行われた。H氏は企業の再生現場に入ったことへの変化について，次のように述べた。

　　1週間行ったことで会社の危機感が出てきたのではないかと考えています。会社の社長以外の人の顔を見ることができて，その人たちに「今まで会社では常識だと思っていたことは違うのだな」という思いが出てきたのではないかと思います。

(B/K再生支援部門　H氏，聞き取り調査による)

図表6-1　再生後の改善経過報告（3月−11月の比較損益計算書）

単位：千円

科目	区分	2010年3月−11月	2011年3月−11月	前年対比	予算	予算対比
売上	自社製品	488,000	475,000	△13,000	349,000	+126,000
	仕入商品	320,000	323,000	+3,000	288,000	+35,000
	合計	808,000	798,000	△10,000	637,000	+161,000
粗利益	自社製品	46,000	92,000	+46,000	72,000	+20,000
	仕入商品	62,000	62,000	0	52,000	+10,000
	合計	108,000	154,000	+46,000	124,000	+30,000
販管費	人件費	92,000	71,000	△21,000	64,000	+7,000
	その他	75,000	60,000	△15,000	47,000	+13,000
	合計	167,000	131,000	△36,000	111,000	+20,000
営業利益		△59,000	23,000	+82,000	13,000	+10,000

出所：筆者作成

　再生支援部門長は，企業再生の経験を総括して，管理会計の導入と利用のさいには，ケースバイケースで対応する必要性があることについて次のように述べ，企業再生の実践においては，柔軟な対応が求められることを明らかにする。

> 　最近デュー・ディリジェンスは大事だと思っていますが，それは現状を知ることだけであって，そこからは何も生まれません。もっとシンプルに考えないと再生は無理だと考えています。シンプルというのは，100社あれば100通り，1,000社あれば1,000通りで，しかも経営者と会うときには教科書はもちません。経営者と話しながら考えます。経営者の考えや実態を1つひとつ把握するように努力しながら，事業の内容や性格等，色々なことを聞き入れて，この経営者の場合はこうしたほうがいいのではないかという感覚で仕事をしていかないといけません。難しいことを1つの教科書だけをもって接していったら，きっとできません。（決まったパターンの解決策があるとの考えがあり，単に管理会計を導入すれば企業業績が上がると考えるのであれ

ば）非常に大きな壁があります。なぜ管理会計を使わないのかということについて答えはありません。我々金融機関も全取引先に管理会計を入れればよくなるとはまったく思っていません。そこの溝はかなり深いと感じています。これを導入すれば皆よくなりますというものがあれば，導入するはずです。

(B/K部門長，聞き取り調査による)

6.4. 小　括

　本章では，U社の企業再生計画が，金融機関と会計専門家の支援を得て，具体化されるプロセスを述べた。企業再生計画の策定に先立ち，会計専門家による財務デュー・ディリジェンスと事業デュー・ディリジェンスを実施し，経営者の考えをもとに第1次再生計画の策定が行われた。そこでは，会計専門家は分析者としての役割を果たした。しかし，企業再生に陥るような経営者の意識は夢想的である場合が多く，第1次再生計画は経験的に成功しない可能性が高い。金融機関としては，全社的に巻き込んで策定された計画で，より具体的で実行可能なものを求めており，月次でモニタリングできる体制となることを期待する。その期待に企業が応えられない場合には，金融機関が直接企業に出向いて，計画策定の支援を行った。そこでは，金融機関が触媒としての役割を果たした。

　U社においては，必要な会計情報はすでに存在し，営業に関する内部統制についてのルールは定められているが，会計情報は適切に利用されず，内部統制についてのルールは遵守されていないことに加えて，そのことが組織内で許容されていたことが問題であった。しかし，組織全体での実行意欲は高く，会計専門家の分析者としての役割，金融機関の触媒の役割によって，会社の強みを生かす販売戦略が，企業によって考えられるに至った。

計画策定担当者の役割のうち，会計専門家は分析者として，金融機関は触媒としての役割を果たしたが，経営計画の骨格については，経営者をはじめとする企業の意見が最重要視されることが明らかになった。

　金融機関は，いい経営計画はこうあるべきというものをもっているが，どういうものかは企業次第であり，妥当な軸について両者のすり合わせが行われた。具体的な数値計画と行動計画が，金融機関から指示されるわけではなく，具体的な作成方法に関する支援が行われた。組織上の問題が企業内全体で共有化され，企業全体の一体化が生み出されることになり，企業の幹部を巻き込んで再生計画が修正されて，具体性，実行性のあるものと判断されるに至った。判断に至るまでには，金融機関と会計専門家が連携をとり，時間をかけて月次モニタリングが行われた。

　会計専門家は，第三者の立場から分析者，触媒としての役割を担うことが金融機関から期待されていることを理解している。さらに，会計専門家は，計画の実現性を高めるために，金融機関が企業に期待する経営者意識を会計専門家としても認識しており，その認識を金融機関と企業と共有しようとしていることが明らかになった。

第7章

企業再生における
セグメント別損益計算の利用

7.1. はじめに

　セグメント別損益計算が行われる理由は，企業規模の拡大に伴い，組織を分割して管理単位を定め分業体制をとり，プロフィットセンターとして権限と責任を負わせて，管理するために行われるものと理解されている（Greiner, 1972）。その重要な目的には，セグメント別に権限と責任を付与し，実績に対して業績評価を行うことがある。また，セグメント別損益計算の結果が事業撤退の意思決定に用いられることは，教科書レベルでよく知られていることである（櫻井, 2012）。前者の目的については，企業規模の拡大を前提としているが，後者の目的については，必ずしも企業規模の大小を前提とするわけではなく，小規模企業であれば，経営者の頭の中で考えられているものとして，自明視される機能として理解されており，経営を行うための基本的な機能といえる（上總, 1989, 101）。

　本章では，これらの先行研究の知見に立ち，経営資源の限定された中小企業に対して，セグメント別損益計算の仕組みを導入するという新しい設定のもとで，セグメント別損益計算の必要性や導入方法，ビジネス・エコシステムにおける機能について，F社の事例を通じて検討する。

　本章の構成は次のとおりである。第2節では，F社の再生計画の策定プロセスを述べ，第3節では，筆者が参与観察中に立ち会った再生計画策定の完了に関する金融機関と再生企業のやり取りを述べる。最後に，第4節で本章を小括する。

7.2. F社の再生計画の策定プロセス

(1) F社の概要

　F社は加工食品の製造，卸売業を営んでいる[1]。2009年10月現在の組織構成員は社長，営業3名，製造4名，事務1名と総勢9名で売上高2億円程度の小規模企業である。F社は卸売販売を行う卸売販売と，加工食品メーカーとしての製造販売の2種類の事業に分かれており，バリューチェーンは**図表7－1**のように表わされる。卸売販売部門では，食品メーカーから加工食品を仕入れ，小売業へ卸売販売する。製造販売部門では，食品卸から食材を仕入れ，加工を行い，小売業へ販売する。卸売販売は兄が担当し，製造販売は弟が担当していた。

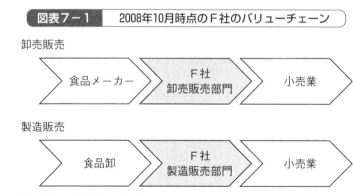

図表7－1　2008年10月時点のF社のバリューチェーン

出所：聞き取り調査から筆者作成

(2) 窮境要因の分析

　売上高で3億円を超えていたが，2003年以降，収益力の低下が著しく，経営状態が悪化していき，2006年度には売上が20％以上減少し，大幅な赤字を計上した。その後も，経営状況は好転せず，2007年度も大幅な赤字の計上が見込まれ，資金繰りが悪化，借入金の返済を一時停止した。そこで，経営者である兄が責任をとって退任し，2008年10月に製造を担当していた弟が，金融機関の要請によりF社の経営者となった。経営者交代に先駆けて2008年8月に経営改善計画案の策定が金融機関より要請されていた。新社長は，基本的な施策を考え，顧問税理士から細かい数値計画の助言を得て，計画策定の原案を作成した。

　これまで製造販売部門で原料調達，製造，そして販売を一手に行っていた新社長は専務という地位には立っていたが，経営に関しては兄に任せて，ほとんど関与していなかった。そのなかで実際は赤字になっていることも知らされておらず，金融機関の預金担当者から経営不振について教えられて初めて状況を知ることとなった。製造販売部門は黒字になっているはずなので大丈夫であろうと考えていたが，前経営者の時代には，卸売販売部門と製造販売部門に分けた損益計算が行われておらず，実際に製造部門でどれだけ利益が生み出されているのか把握されていなかった。そのような状況で，新社長は経営悪化の要因として以下のような分析を行った。

> ① 卸売部門重視の戦略が時代錯誤であった。
> ② 経費削減ができていない。
> ③ 在庫管理ができていない。
> ④ 卸売部門の拡大のための配送センターを設置したが，卸売部門の不振により過剰在庫に至る。結果的に配送センターの設置は過大投資であった。
> ⑤ 中国原材料の依存により販売不振となった。
> ⑥ 経営者の意思が社員に統一されていない。
>
> 　　　　　　　　　　　　　　　　　　　　　　　（F社の計画書より）

このような問題認識のもとで，新社長による経営改善が開始した。以下では上記問題がどのように解決されていったのかを述べる。

(3) 戦略の転換：卸売販売中心から製造販売中心へ

　卸売販売部門の売上高と製造販売部門の売上高は正確に把握されていなかったが，新社長が製造販売部門でどれだけ受注していたのかについて把握しており，そこから卸売販売が全体の3分の2，製造販売が全体の3分の1程度であると計算した。卸売部門を重視する戦略は時代錯誤であり，全体の赤字は卸売販売部門が生み出していると考えて，今後は卸売販売と製造販売を50：50のバランスをとるようにする。そして，将来的には卸売販売3分の1，製造販売3分の2と，製造販売を中心としていくように方針転換を図ることにした。

　従前は，卸売販売を取り仕切っていた前社長が，商品を仕入れ，それを営業担当が販売していた。その流れが問題と考えた新社長は，購買と在庫管理を営業担当に任せることにより過剰な在庫を減らすことを目指した。

>　現場を知る営業の人間が仕入れなさいと。前社長は現場を知りませんでしたのでメーカーの言われるとおりに買ってしまい，それを売ってこいと言われても無茶があります。利幅も自分で考えてもらうようにしました。営業と仕入を分けて，現場を知らないものが仕入れるから在庫が残るのです。要は卸の商品は回転率ですので，一番簡単な話は発注を受けてから買えば，無駄な在庫は出ません。でも，もたないといけない在庫もありますので，いかに少なくするかは基本的には営業サイドでしてもらうほうがよいのです。
>
> 　　　　　　　　　　　　　　　　　　　　　　　　　（F社　社長）

　F社では，高収益であるはずの製造販売部門の売上高を伸ばす方針がとられた。卸売販売よりも製造販売の方が高収益になるのは，原材料から仕入れるため，付加価値を高めることができるからである。個々の新製品を作るとき，原価は原材料が3分の1，加工費がその半分とみて，利益は差額で全体の2分の

1と計算されている[2]。たとえば原価50円であれば150円で売ることを考えて，あとの加工費が25円と計算し，75円がパソコン上の原価として入力される。製造販売の基本は利益率50％を目指すことである。

> （上記の例でいけば）材料費が50円で収まるか収まらないかというのはあります。それは製造原価のなかで抑えるところは抑えますが，基本的には売れるものを作るのが先ですので，売れるものを作るときに，必要なものを積み重ねて原価がどれくらいかかるかです。あとはお客さんの顔色です。それでも基本的な工場の材料費の原価が3分の1であることを頭にいれておかないとダメです。場合によっては目標利益率を割るときもありますが，場合によってはそれ以上に儲けさせてもらいますからね。
> 　　　　　　　　　　　　　　　　　　　　　　　　　（F社　社長）

製造販売の売上を伸ばすために，自社の新製品を増やすことに加えて，おみやげ用の商材の製品設計と受託製造を増やして売上高の安定化を図り，工場の操業度を高めることが目指された。

> おみやげの受託生産は，製造供給者が固定されるので仕事は逃げません。利益率も40％はとれます。基本は我々が売りたい製品を作るのではありません。流通業者が欲しい商品を作ります。技術と原材料があればできますので，固定の売上を確保して工場メインの仕事をしていくことにしました。
> 　　　　　　　　　　　　　　　　　　　　　　　　　（F社　社長）

(4) 経営管理のための情報入手と分析

新社長は，就任前に経営に関与していなかったが，自ら経営をするために必要と思われる情報を入手し，分析を始めることにした。手始めとしてパソコンを3台にして会計ソフトの整備を行い，売上情報と仕入情報を日々入力し始

た。売上情報は市販の販売管理ソフトを利用することにした[3]。

> まず私は何をしないといけないかというと，数字がわかりませんでした。数字をわかろうと思ったら何が一番早いかというと，日々のデータを入力してもらって，打ち出せる形，見やすい形にして，データが見られるものを作ることが一番です。まずそれを最初に作りました。
>
> （F社　社長）

　新社長は，会計情報の入力とともに，支払の一覧表と入金の一覧表を作成して資金繰りを理解した。支払の一覧表は，支払先と支払金額を日別に毎日入力するようにした。入金の一覧表は締め日で支払請求書を作成したときに，一覧表に日別の相手先ごとの入金予定表を入力することで資金の動きを理解した。

> 素人の私が経理，経営を見たときに一番単純に面白かったのは金の動きと会計は別だということです。そのことが自分なりに理解できるまで，約3ヵ月かかりました。たとえば，運転資金という問題で売上が急に上がればお金が足りないとかは，その感覚も最初はわかりませんでした。経営では，お金と会計のことを別に考えないといけません。売り方とか初歩的なこともありますが，財務的なことから言えばまずはそこからです。
>
> （F社　社長）

(5) 早期の黒字化と一部返済

　新社長が経営改善を行って，12月までの3ヵ月で2,000万円程度の営業利益を計上して，金融機関に1,000万円の返済を行った。就任直後に黒字に転換できたことについて，新社長は次のように述べた。

> 私のスタートとして，まず銀行にどう信用されるかでした。信用を得るためには，10，11，12月の売上を伸ばして利益を出す必要がありました。我々の業界なら普通にしていても利益が出る時期です。季節商材もありますし，お歳暮の時期でもありますし，冬物のおいしい季節で絶対売上が伸びます。そのなかで，利益が出るほうに変えようとしていきました。それから仕入を自分だけでしないことによって過剰在庫を減らしました。そこに新製品を3つくらいはめ込んだので，必然的に利益は出ますよ。
>
> （F社　社長）

課題であった経費削減は，配送センターの売却によって大きく前進した。配送センターの売却の意思決定は，改善計画の策定時に行われ，2008年9月には不動産と専売契約を結んだ。売却が決まったのは2009年4月のことであり，そこで得た収入を借入金8,000万円の返済にあてた。配送センターの売却によって卸売販売部門の倉庫は本社だけになり，在庫を保有するスペースが大幅に縮小された。

> 経費を50万円落としたいときに配送センターを売るしかないと考えました。こうすることで借入金を減らして，金利の負担を下げて，配送センターに関わる諸経費がなくなります。2カ所でやっていることによる無駄といったものを計算して，それをトータルしたときにどうなるか概算しました。会社の全体像を考えて配送センターと工場，どちらかを残すとなれば，製造したものに対する利益率が高い工場を残すことになります。
>
> （F社　社長）

(6) 金融機関の再生支援部門の関与とセグメント別損益の把握

　配送センターの売却が決まる2009年4月に，金融機関の再生支援部門が，F社に本格的に関与することになった。それは，金融機関の支店だけでなく本部も関与して再生案件として支援に取り組むことを意味する。再生支援部門の担当者は，今後の計画のヒアリングを行い，必要に応じて助言を行った。将来の損益とキャッシュ・フローを計画するなかで，大きな問題となったのが，製造原価と卸売原価をどのように分けるかということである。部門別損益情報が明らかにされていなかったため，製造販売中心でいく方針を裏づける資料がなかった。そこで，金融機関は部門別の損益を可能な範囲で分けることを求めた。

　当初は，得意先別の売上，売上原価の情報が提出された。しかし，得意先別の売上情報では得意先によっては，卸売販売と，製造販売の両方があるので有用な情報にはならなかった。やはり，卸売販売と製造販売の採算を口頭で説明されるだけでは説得性に欠くので，X銀行本部の担当者は部門別の採算を把握できるように依頼した。

　新社長は当初，金融機関から何を求められているのか，わからなかったという。実際に売上と仕入を得意先別に分類するだけでは，卸売販売と製造販売の売上，売上原価を算出することは困難であった。そこで，新社長は商品別に，卸売販売と製造販売に区分するコードを持たせて，部門別に売上・売上原価を集計できる仕組みを作ることを考えた[4]。

　仕入については，①製造販売に使われる原材料，②製造販売に使われる原材料だがそのまま卸売販売もされるもの，③卸売販売される製品の3種類に分けられることから，コードを3種類に分けて把握することにした。その3区分に対応するように，売上についてはコードを4種類（④-⑦）に分けて把握することにした（図表7-2）。

図表7-2　仕入・売上コード分類

	仕入	売上	
①	原材料	製造販売	④
②	原材料	製造販売	⑤
		卸売販売	⑥
③	製品	卸売販売	⑦

出所：聞き取り調査から筆者作成[5]

　商品のコード分類ができたことにより，販売管理システム上で卸売販売と製造販売の損益を把握できる土台が整い，**図表7-3**のように，卸売販売と製造販売の損益が計算されることになった[6]。売上高は販売管理システムから集計され，仕入高は②を製造販売にかかるものと卸売販売にかかるものに分けて集計される。調味料は，製造販売が使うものであるため損益計算書の金額が集計される。以上により，卸売販売と製造販売の粗利益が算定されることになった。かくして，再生計画の議論は粗利益を中心に行われるようになった[7]。

図表7-3　卸売販売と製造販売の部門別損益の把握

	卸売販売	製造販売
売上高	⑥+⑦	④+⑤
仕入高	⑥に係る仕入原価+③	①+（②-⑥に係る仕入原価）
調味料	ー	⑪
粗利益	⑧	⑫
営業経費	⑨	ー
工場経費	ー	⑬
営業利益	⑩	⑭

出所：聞き取り調査から筆者作成

7.3. 再生計画の合理性の判定と再生計画策定完了の最終確認

　2009年の5月から1カ月ほどかけて，企業再生部門の担当者は毎週のようにF社にて再生計画のヒアリングと助言を行った。また，同時に金融スキームを考えながら，再生支援を行えるかどうかの経済合理性が検討された。

　新社長は，リーマン・ショック後の市況の悪さや，インフルエンザの問題等から，売上は伸びないという仮定を立てた。そして，卸売販売と製造販売を50：50にする目標を立てて，それぞれの利益率からどの程度の粗利益になるかという計画を金融機関に説明した。

> 　銀行でもそうですけど，通常は利益ベースではなく売上の伸び率をもとにした売上ベースで考えると思いますが，私は頭から利益ベースで考えていました。ですから，最初に出した計画から売上を下げて1億9,000万円のものを出しました。私の場合，「売上は下げますが心配しなくても利益は出します」という話をしました。
>
> 　　　　　　　　　　　　　　　　　　　　　　　　　　（F社　社長）

　そして，再生計画策定完了にあたって，再生支援部門の課長より経営者面談が行われた。筆者はその面談に立ち会った。以下は，その面談のやりとりである。

> B/K支援部課長：本日の趣旨説明ですが，再生支援の最終確認として社長の意気込みについて語っていただきます。それと工場見学をさせてください。時間としては1時間程度を想定しています。
> 　まず，お勤めになられて何年くらいになりますか。

社長：勤めて30年になります。

B/K支援部課長：最近まで営業をされていたのでしょうか。

社長：もともとは工場勤務です。設備も自分で導入してきました。食品作り自体は小学生のときからやっています。関東などの地方に売りに行くのは5年ほどやりました。東京ではコンビニ用に作ったりしました。

B/K支援部課長：製造で得た強みを生かされましたか。

社長：加工食品自体は昔からのものですので，重要なのは相手が求めるものを作れる技術があるかどうかです。最近は，塩辛いものから薄味志向になっていますので，薄味にするために塩分を下げますが，そうすれば日持ちしません。日持ちさせるためには，酸，アルコールを使いますが，バイヤーへの説明に勉強会で得た知識を使っています。私は材料の種の交配までやりました。種から最終製品までわかるのが強みです。

B/K支援部課長：経営が苦しかったことについてどのようにお考えですか。

社長：率直にいうと兄に騙されていました。「大丈夫か」と聞いても会社の状況を教えてもらえませんでした。お金にタッチしてきませんでしたので，恥ずかしながら，「会社の状況をご存じか」とX銀行の預金の担当者に教えてもらいました。2年前くらいのことですが，当時は専務として社長を問い詰め，給料を下げました。自分は動いていたから大丈夫と思っていました。極端に言うと兄が銀行から借りられるだけ借りていました。保証人も父と兄がやっており，私は関与していませんでした。そんなところで私に回ってきたのです。

　兄が利幅の少ないものを仕入れていましたが，私が社長になった10月からは，「販売担当が売りたいものを仕入れなさい」と，それからは私は仕入れないことにしました。今は番頭，現場の人間が仕入れるようになりました。前社長は現場を知りませんでしたので，メーカーに言われるとおりに仕入れていました。「それを売ってこい」と無茶なことも言われました。工場の原料はこちらで仕入れますが，利幅も自分で考えてもらうようにしました。

B/K支店長：メーカーとの関係で中国から輸入しており，大きな配送センターを作ったこともあってどんどん仕入れていました。見栄もあったのでしょうが，倉庫にデッドストックが2,200万円残っていました。

B/K支援部課長：計画で一番重要な点をご説明ください。

社長：利益を出すのが工場で，卸の商売ではないということです。工場なら材料費は30％，卸なら仕入原価が75％。工場の場合，加工費はありますが，仕入商品はどれだけとっても利益率は30％。従来は製造のことを中心に考えていましたが，今は経営者の観点から全体の目で見られますし，提携なども考えられます。それで私は工場にいることができます。

B/K支店長：問題があったのは，製造原価が出ていなかったことです。

社長：前社長が，あえてそうしていたのだと思います。税理士もそのように言っています。

B/K支店長：実際に原価計算をしたら売上重視から利益重視への移行は明らかでした。今の原価率は50％くらいですか。

社長：50％になってきました。実際卸の場合は5，10％の安売りもしますので，25％はきります。今は大手スーパーが直接メーカーに買い付けるので，卸は儲けられませんが昔からのお客様との関係があるのでやめられません。おみやげはプライベートブランド（PB）を始めました。保健所で固有の契約をしないといけませんし，販売者が責任をもちます。この場合は，製造供給者が固定されるので仕事は逃げず，利益率は高いです。もうメーカーを育てる時代は終わりました。当社が売りたい製品を作るのではなく，流通業者の意見を伺いながら，相手がのぞむ商品を作っていきます。技術と原材料があればできます。

B/K支援部課長：強みの１つですか。

社長：あるスーパーは５年くらい３種類の商材をやっています。売上好調のため減りません。固定の売上を確保して工場メインの仕事をしたいです。別のところの商材の３〜４割は当社がやっています。よそのPBでも当社がやっており，既存の売上は伸びないので安定的な売上をとろうとし

ています。中国でやってきたのは原料を安定させたかったからです。餃子問題は予想外でしたが，逆によかったと考えています。いかにポジティブに考えるかで，ストーリーはいくらでもあります。借金を知らなかったことも腹立つことではありますが，一生懸命やっていれば上向きにいきます。現実には社長をしないほうが楽ですし，他に働くところはあります。けれど，社員がいて御輿をかつがれた以上，人道的に逃げるわけにはいきません。やるしかないのです。オープンで悪いことをしていないからみんなが楽しくできます。いつも事務員と話しながらやっています。ダメなところからやっています。御輿をかついでもらった以上は何から何まで話しています。報酬は隠すほどもらっていません。社員より低いのですから。そのかわり儲かったときにはもらいます。

B/K支援部課長：一部中国産もあるとのことですが，原材料を国産に移行して価格転嫁はできていますか。

社長：買い付けの仕入先を絞りました。今までは自分で買い付けていましたが，メインの取引先と売買を両建てにするようになりました。仕入価格を10円上乗せしてもメリットはあります。仕入価格が高くなれば向こうも売価アップに応じないといけないという関係にあります。

B/K支援部課長：季節商品には価格の変動リスクがあるのではないでしょうか。

社長：当社は日持ちのする商材を中心に商品展開をしています。

　　急激に再生までこぎつけたのは，短期間でしないといけないという思いがあったのと，配送センターが売れたことが大きかったです。このような行動力が重要だと思います。配送センターに置いていたものを本社に集約して在庫が減りました。早く売却したのは場所をなくしたかったからです。今はスペースを考えながら仕入れなければなりません。

B/K支援部課長：製造，技術の承継，後継者をどのように考えていますか。

社長：製造について1人は技術の承継をと思っているが，他社とは発想が違います。たとえば，ある調味液についてはメーカーに作ってもらってい

ます。作り方は若手に教えており，承継させる部分と大半を利用する部分があります。添加物もそうで，大手のほうが品質保証は高いので，自社より大きいところと付き合いたいと考えています。中国工場のメインは別の大手です。息子にさせようとは思っていません。会社は社員のものですので，委託ではなくて仲間を増やすというのでやっています。

　売上の安定が第一，ダメなときにどう止めるかです。できることからやっていけば，経費節減，工程の簡素化，仕入のところもやって安定化させて，できるだけ早く返したいと思っています。社長になってまずしたことは会計まわりで，経理，販売，給与をデイリー入力にして誰でも見られるようにしたことです。X銀行さんにも毎月取りにきてもらってもかまいません。前は他行もありましたが，今はX銀行さん一本にさせてもらっています。

再生支援部担当者は，面談後の社内で次のように述べた。

　昔は売上原価1本しかありませんでした。卸仕入高と原料仕入高が1本で計上されていたのです。工場でいくという社長の熱意を裏づける資料がなかったため，2009年4月くらいに卸と工場に分けて原価を把握してもらうように依頼しました。社長のほうで別途Excelシートを用いて原価把握をされていたのですが，きちんと分けてもらうようになってからは再生が進みました。

　1人であっても管理会計が必要です。会計で採算がわからなければなりません。最近は中小企業にも管理会計が入りつつありますが，まだまだです。

(B/K再生支援部門　担当者)

　企業再生に向けて，損益計画，キャッシュ・フロー計画を作るなかで，過剰になった不良在庫2,200万円の処分が行われた。また，営業部門と製造部門として組織が明確に分けられ，卸売販売と製造販売の月次の損益計算が行われる

ようになった。そして，新社長の目標とする卸売販売と製造販売が50：50になっており，最終損益でも利益が出る状態が続いていることが確認された。2009年8月末には約6,000万円の債務超過に陥るが，それは3年間で解消される計画が立てられた。一部の借入金について信用保証協会による保証を得て長期の返済計画が立てられ，2009年9月末にF社の再生計画の策定が完了した。その後の聞き取り調査で，経営者は商品別・顧客別の損益データを分析して，今後の対策に活用していると述べた。

> 　入力したデータを使いこなしているので，今は非常に楽しいです。毎日データを入力して，売上を商品別や，顧客別に分析しています。だから現在の状況を把握できます。利益率の高いところが伸びていることなどがすぐにわかります。
>
> （F社　社長）

F社の再生計画の策定について金融機関の再生支援部門の担当者は次のように述べている。

> 　社長の口から「売上を下げて」となりましたので，我々金融機関からすれば理想的な流れでした。普通であれば売上ありきの計画表になります。それを利益からという話でしたので，取り組みやすかったです。
>
> （B/K再生支援部門　担当者）

7.4. 小　括

(1) F社における再生計画の策定プロセスの要約

　本章では，事業規模が拡大し複数事業を行うことにより，各事業の業績評価を行うために導入されるものと考えられているセグメント別損益計算が，企業再生ではどのような目的で導入され，どのような機能を果たすのかについてF社の事例を用いて検討した。

　F社の再生計画の策定と組織変革について時系列に沿って整理したのが，図表7－4である。F社の変化プロセスは，①社長就任後の経営改善，②詳細な再生策定，③再生計画の策定完了という3つのフェーズに分けられ，人的面，事業面，管理会計，借入金，再生計画策定関連，業績面の6つの観点から整理することができる。

　まず，①社長就任後の経営改善フェーズでは，新社長の就任後，製造販売の比率を増やすという戦略の転換が図られ，配送センターの売却の意思決定が行われ会社の機能が本社に集約されることとなった。同時に，金融機関からの要請に応じて経営改善書の作成が行われた。具体的な経営改善としては，在庫量を減らすため卸売販売の仕入を営業担当者が行うようになり，一方で，経営者は製造販売の新規顧客を獲得した。事業面の整理を行いながら，売上と仕入のデイリー入力を開始して，社長は資金繰りの把握を行うようになった。かくして，営業黒字化を果たしたF社は，一部の返済を実行した。

　次に，②詳細な再生計画策定の段階では，配送センターの売却が決定し，F社は追加の返済を実行した。そこで，企業再生支援部門が本格的に関与することになり，詳細な再生計画の策定が行われることになった。そこで問題となったのが，卸売販売と製造販売の部門別損益が把握されていなかったことである。

金融機関は，セグメント別の損益情報を求め，経営者の試行錯誤により，部門別損益の把握が行われることとなった。

そして，③再生計画の策定完了フェーズでは，過剰在庫が処分され，営業部門と製造部門の明確化が行われて，部門別損益が機械的に算定されるようになった。そこで，卸売販売と製造販売の売上比率，損益状況が明らかとなり，再生計画が合理的であると判断されるに至った。最終的に，金融機関との面談を経て，長期間のリスケジューリングが行われ，再生計画の策定が完了した。

(2) セグメント別損益計算の役割

F社においては新社長が就任し，利益率の高い製造販売を中心に据える戦略がとられ，収益性の改善，黒字化を図った。再生計画において大きな障害となったのは，経営者の考えを数値計画として具体的に示すことができず，金融機関を説得しきれなかったことである。そこで，セグメント別に損益計算を行うことが金融機関より要請された。経営者は試行錯誤を重ね商品ごとにコードを分類することで，卸売販売と製造販売の損益を把握できるようになり，これによって再生計画の合理性が確かめられ，企業再生の完了に至った。

金融機関の期待するセグメント別損益に関する規範的な世界は，セグメント別損益に関するデータが必要であるということである。本章の事例では，会計専門家と金融機関の担当者は再生計画の策定に関与したものの，セグメント別損益計算の把握の指導を行ったわけではない。むしろ，経営者の自立的な試行錯誤により，管理会計の導入が行われた。金融機関は，こういうデータが出てくるべきという必要なデータをもっているが，どのようにしてデータを提供するのかは，経営者に委ねられた。

そして，セグメント別損益を把握する過程が，経営者に企業実態を理解させ，経営に関する自己学習を促進させた。また，セグメント別損益計算を行うことは，金融機関をはじめとする外部に対するアカウンタビリティを果たすために重要な役割を果たした。

第7章　企業再生におけるセグメント別損益計算の利用　*177*

図表7－4　F社再生計画策定の流れ

	2008年				2009年			
	8月	10月	12月	2月	4月	6月	8月	9月
人的面		新社長就任						
事業面		戦略の転換：製造販売の比率増加／配送センター売却意思決定	卸売販売の仕入方法変更／製造販売の新規顧客獲得／本社集約		配送センター売却		過剰在庫処分／営業部門と製造部門の明確化	
管理会計			売上・仕入のデイリー入力開始／資金繰り把握			部門別損益把握		
借入金				一部返済	一部返済			
再生関連		経営改善書案作成			再生チーム関与	詳細な計画策定	長期間のリスケジューリング	最終の面談／再生計画策定完了
業績面			営業黒字化					

←――― 第1フェーズ ―――→　←――― 第2フェーズ ―――→　←― 第3フェーズ ―→

出所：聞き取り調査から筆者作成

●注
1 以下の記述は，参与観察データと4回（合計8時間）の聞き取り調査に基づく。
2 実際に，原料費と工場に係る人件費，経費は約2：1となっており，製品の材料原価は個々の製品のレシピに基づいて見積原価が計算される。
3 販売管理ソフトと会計ソフトはすでに導入されていたが，販売管理ソフトについては使われていなかった。また，販売管理ソフトを利用し始めた当初は，卸売販売部門と製造販売部門の売上として部門別としての集計ができていなかった。
4 商品マスターは2,000種類くらいにのぼるが，常時動いているのは200〜300種類で売上の70〜80％を占めており，売れ筋商品を優先して作業は進められた。
5 図表7－1と図表7－2は，筆者が聞き取り調査に基づいて計算の考え方を図表に示し，当事者に内容を確認して，信憑性（Lukka & Modell, 2010）を高めるようにした。
6 図表7－3では議論を単純化するため棚卸資産の残高を考慮に入れておらず，仕入高＝売上原価となる。実際には棚卸資産の残高を考慮されて計算される。また，その後商品コードの取り方を工夫し，②を製造販売と卸売販売に分けることができるようになっている。
7 F社の場合は，本社の敷地の大部分を工場が占めており，営業経費については営業担当者の人件費がその大部分である。工場経費については，工場にかかる人件費と減価償却費，水道光熱費が大部分を占める。全社共通費としては事務経費，社長の給与がある。また，粗利益以下の営業経費，工場経費について部門ごとに分けられるが，部門損益は再生計画の説明や，業績評価に用いられているわけではない。

第8章

企業再生における管理会計による組織変化への働きかけ

8.1. はじめに

　第1章で述べたように，本書の研究課題は，地域経済における組織間の相互作用が行われるなかで，ビジネス・エコシステムのキー・ストーンたる金融機関が期待する規範世界と現実世界との乖離を克服するために管理会計はどのような役割を果たすのか，ということであった。

　一般的なMCSの議論では企業単独を中心にMCSを考えるものであり，外部環境を，MCSに影響する要因とみても，自社と外部環境との相互作用をほとんど考慮しない。その相互作用まで考慮しようというのが，組織間管理会計論である。組織間管理会計論では，バイヤー・サプライヤー関係を中心とする2者間の関係を対象としており，ビジネス・エコシステムのようにネットワークからみた議論については，これまで十分に行われてこなかった。そこで，本書では地域経済について，金融機関をキー・ストーンとし，企業や個々のプレイヤーがそれぞれ相互依存して共存しているというビジネス・エコシステムとして捉えることにより，個々のMCSの動的な変化を詳細に描写し，企業再生を信頼再構築として位置づけようと試みた。

　本書のキーワードである地域経済というビジネス・エコシステムでは，金融機関，企業，会計専門家はそれぞれの存続のために相互依存しあう関係にある。本研究で明らかになった知見を検討する前に，その関係についてもう一度確認しておく。

　まず，低成長時代という，厳しい競争環境のなかで，業績が悪化した企業は倒産の危機を迎えるが，間接金融による資金調達を基本とする中小企業の場合には金融機関の支援を受けずに単独で経営改善を図っていくことが難しい。衰退産業に属するすべての企業の倒産回避は不可能であっても，優れた技術，優れた製品，優れたサービスがあるにもかかわらず，経営管理能力に欠く場合に

は，企業存続の可能性が残る。企業内では企業存続のための再生計画の策定という重要なプロセスのすべてを行うことが必ずしもできないため，外部の金融機関や，会計専門家の支援が必要となる。

次に，地域金融機関において貸出先を維持するためには，顧客を維持していかなければならない。X銀行が地域を支えるリレーションシップ・バンキングを進めるなかで，重要なテーマが企業再生支援となった。この戦略的な課題に取り組むにあたっては，貸出先の状況をよく知り，経営上の適切な助言を行い，ときには，経営者の将来願望を現実的なものに導き，また，場合によっては経営者に実行意欲を喚起していかなければならない。より複雑な場合には，会計専門家の力を借りていかなければならない。貸出しにあたっての投資意思決定は，顧客が作成した再生計画に基づき，意思決定の事後モニタリングは，顧客の決算書に基づくため，その情報の信頼性が決定的に重要となるように，金融機関の意思決定情報の有用性は外部に依存している。

また，税理士をはじめとする地域に根ざした会計専門家は，中小企業や個人事業主を顧客として，決算処理や税務申告を行うビジネスを中心に展開してきた。しかし，会計専門家は増加する一方で，企業数が減少し，非常に厳しい競争環境におかれている。そこで，会計専門家には，税務会計，財務会計だけでなく，企業の実態把握や計画策定の支援業務を行う管理会計のサービス提供が求められるようになってきた。企業の支援は，専門家自ら進んで行うだけでなく，企業や金融機関の要請によることが多く，会計専門家の事業機会は，外部環境にその多くを依存している。

本章では，相互依存の関係にあるビジネス・エコシステムにおける相互作用について，第4章から第7章までの具体的な事例から得られる理論的な知見と，今後の研究課題を述べる。次節では，第4章で明らかにされた信頼再構築としての企業再生プロセスが，通常の信頼構築とどのように異なるのかを述べる。また，第5章から第7章で獲得された知見が信頼構築にどのような影響を果たすのかについて検討する。第3節以下では，ビジネス・エコシステムにおける相互作用により，組織のMCSがどのように変化するのかということについて，

議論を展開する。具体的には，第5章でみた経営者の意識改革，第6章で述べた再生計画の策定，第7章におけるセグメント別損益計算の導入が，ビジネス・エコシステムの相互作用を通じてどのように行われるのかについて分析する。そして，金融機関がキー・ストーンとして期待する規範世界と実際の現実世界の乖離がどのように克服されるのかについて検討する。最後に第6節では，本書の貢献と今後の研究課題を整理する。

8.2. 信頼の再構築としての企業再生

本書では，企業再生を信頼再構築のプロセスとして位置づけようと試みた。先行研究では，信頼構築，信頼維持，信頼崩壊に関する知見が蓄積され，会計情報はそれぞれのプロセスに影響を与えることが明らかにされてきた。かかる理解のもと，信頼関係が失われた状況では，取引関係は継続されないものと想定されているが，取引関係が継続されて，信頼関係が再構築されるのかということについては，これまで十分に理解されてこなかった。

本書では，約束遵守の信頼，能力に対する信頼，善意による信頼という3種類の信頼概念を用いて，企業再生を通じて下記の信頼再構築プロセスを提示した。

① 企業が借入金の返済をできず，金融機関から企業に対する3つの信頼が失われる。
② キャッシュ・フローの生成可能性の判断により，金融機関による企業への潜在的な能力に対する信頼が構築される。
③ 正直な会計報告により金融機関による企業に対する約束遵守の信頼が構築され，企業からのメインバンクとしての金融機関に対する善意による信頼が期待される。
④ 金融機関のイニシアティブにより再生計画の策定が開始され，企業から

のメインバンクとしての金融機関に対する善意による信頼が構築される。また，企業による自発的な改善努力が認められることにより，金融機関による企業に対する善意による信頼が明らかにされる。
⑤ 継続的なモニタリング活動を通じて，月次の予測能力と実行能力があるものと判断されれば，顕在的な能力に対する信頼が構築される。
⑥ 金融機関と企業による双方の信頼が再構築され，企業再生計画が承認されることで，金融機関は企業に対する融資の継続が可能となり，企業は長期計画の策定を果たして，事業の存続が可能となる。

Sako（1992）の調査によれば，日本企業のような相互依存の関係が重要視される場合には，約束遵守の信頼，能力に対する信頼，善意による信頼の3種類が同時に存在する。3種類の信頼は，それぞれ内的関係をもち，相互に強化する関係にあり，特に善意による信頼は他の2種類の信頼が存在する場合にのみ維持される（Sako, 1992, 242)。また，善意による信頼は，能力に対する信頼を達成するための高頻度かつ高密度のコミュニケーションによって取引先を選択することによって形成される（Sako, 1992, 244-245）副産物である。この議論に従えば仮に，約束遵守の信頼や能力に対する信頼が失われれば，善意による信頼の維持は困難になる。

しかし，第4章でみたB社の事例では，顕在的な能力に対する信頼が失われたことにより，一度は善意による信頼が失われ，信頼関係が失われた。しかし，将来の潜在的な能力に対する信頼をきっかけとして，再生計画の策定に向けた企業の実態把握が行われ，善意による信頼の構築が目指されることが明らかになった。

潜在的な能力に対する信頼と約束遵守の信頼が形成されれば，企業からの再生支援の期待に応える形で金融機関のイニシアティブに基づき再生計画の策定に進む。X銀行の善意による信頼を築こうという意図は，リレーションシップ・バンキング戦略と関連するが，過去からの長い取引関係のなかで培われてきた関係から，容易に企業を倒産させるわけにはいかず，可能な限りの支援を行おうという金融機関の心がけを前提としている。

金融機関の善意による信頼を築こうという意図があるにせよ，最初からそれが存在するわけではなく，潜在的な能力に対する信頼と約束遵守の信頼が形成され，企業による善意による信頼が構築されてから，再生計画の策定に至る。そのなかで，企業の自発的な努力が明らかになることで，金融機関による企業に対する善意による信頼が構築される。そして，継続的なモニタリング活動を通じて顕在的な能力に対する信頼が構築されていく。

　このように，潜在的な能力に対する信頼を起点として，正直な会計報告を通じた約束遵守の信頼の形成を経て，再生計画の策定サービスによる支援と企業の自助努力により善意による信頼が構築される。最後に顕在的な能力に対する信頼が形成され，金融機関と顧客の信頼関係が再構築された。企業再生のように，現状の顕在的な能力を評価しにくい場合には，時間をかけながら能力に対する信頼が形成されるが，顕在的な能力に対する信頼が構築される以前に，善意による信頼が構築されることが本事例から明らかとなった。

　能力不足により納期が遵守されないが，短期間に改善されると信じられる場合には，技術指導を行いサプライヤーに再度チャンスが与えられる可能性は従来から指摘されていた（酒向, 1998）。しかし，本書では，数カ月以上の時間をかけた長期的な改善が必要と考えられる場合においても再度のチャンスが与えられることを明らかにした。

　また，酒向（1998）が考察するように，元来メーカーが能力を有しないサプライヤーを育成しなければならなかったという日本の高度経済成長期におけるプロセスと類似している。これに対して，本研究では，能力に対する信頼を潜在的な能力に対する信頼と顕在的な能力に対する信頼の２つに区分して議論を行った。これにより，顕在的な能力に対する信頼の構築の前提として，潜在的な能力に対する信頼が存在しうることを明らかにし，信頼構築のプロセスをより詳細に理解できることを主張する。

　次に，第５章から第７章で導き出された知見が，信頼関係の再構築にどのような影響を与えたのかについて検討を行う。

　第５章では，経営者意識が十分であると判断されたＥ社の事例を通じて，金

融機関の求める現実的な将来願望と高い実行意欲の水準が明らかになった。現実的な将来願望と高い実行意欲は，企業再生プロセスのどの場面かを問わず，面談のたびに再生支援の部門長から繰り返し強調されるように，経営者に求められる必要な資質である。それが金融機関の期待水準を超えることは，最低限の約束が果たされるということを示す。そして，経営者が達成可能な現実的な目標をコミットすることにより約束遵守の信頼が強化された[1]。

第6章では，金融機関はU社の経営者の将来願望を現実的に誘導するだけでなく，U社の現場の考えも加味して，金融機関の求める水準に達する事業計画を策定することを求めた。この期待水準は量的，具体的に示されたりするものではないが，金融機関としての期待水準がある。この期待水準を超えることで，最低限の約束が果たせるということになり，約束遵守の信頼の強化に影響した。また，U社の経営者だけでなく，組織としての資質が確かめられて，金融機関からの企業に対する善意の信頼がより強化された。

また，モニタリングシステムやセグメント別損益計算といった管理会計システムが顕在的な能力に対する信頼の構築を進めた。第6章では，金融機関はU社の再生計画の実行を月次でモニタリングできるように求めた。そのモニタリング活動ができることが，顕在的な能力に対する信頼の構築につながった。第7章では，金融機関は経営者にセグメント別の損益計算を求めた。経営者は試行錯誤で商品ごとにコードを分類することにより，卸売販売と製造販売の損益を把握できるようになった。これによって再生計画の合理性が確かめられ，企業再生の完了に至った。セグメント別損益計算を外部に示すことで，金融機関による企業に対する顕在的な能力に対する信頼構築につながった。

8.3. 再生計画の策定を通じた経営者の意識改革

規範的な研究による経営者意識は，平均以上のものがあると想定されている

(Kaplan & Norton, 1992, 1996; Mintzberg, 1994; Anthony, 1965)。第5章では積極的すぎる将来願望を有するA社と，十分な実行意欲を有さないD社を取り上げ，金融機関の期待と現実の経営者との乖離がいかに克服されようとしているのかについて述べた。企業再生が必要な場合に金融機関が期待したことは，現状の損益見込から改善案が盛り込まれた現実的な再生計画の作成であった。また，策定された再生計画を達成するためには，高い実行意欲を経営者に求める。この経営者意識の十分性がどのように確かめられるのかについて，金融機関の期待に応える経営者意識を有するE社を取り上げた。

　金融機関の期待する経営者意識に関する規範的な世界は明確であり，A社では会計数値を使ったコミュニケーションを通じて将来願望を現実的なものに誘導し，D社では行動計画の確認を通じて実行意欲を高めてもらうように導いた。

　金融機関は明確な目標水準の達成に向けて，経営者の意識改革を行って両者の目線を合わせるように努力を行った。

　第5章でみたA社の事例で明らかになったことは，将来願望が積極的であるか悲観的であるかは，主に再生計画における会計計画に基づき，実際の再生計画の策定方法が質問された後に確かめられた。金融機関は，再生企業の現状の売上高をベースに，経済状況を勘案したうえで，利益を生み出す体制をとれるようにしてもらいたいと考える。これに対して，夢想的な経営者は高い売上目標の計画を提出することのほうが望ましいと考える。金融機関はこの経営者の誤解を解き，経営者の認識を改めさせる。そして，金融機関は経営者が現実的な将来願望に基づいて利益を生み出すような計画の策定を行い，金融機関と経営者の目線を合わせるように誘導を行った。通常の企業の計画設定は，経営者の将来願望から経営計画が表現されるが（上總，1993），企業再生においては，経営者の将来願望から経営計画が表現されたのちに，経営計画，特に会計計画の確認と説得を通じて経営者の将来願望の修正が行われている[2]。

　これは，中小企業が経営に行き詰まる場合に，金融機関が経営者の側に立ち，共通言語である会計計画を利用して経営者を説得しようとしていることによるものと考えられる。その際に，金融機関が期待する将来願望はより現実的なも

のであり，それは明確であった。一方で，第6章で述べた具体的な実行計画と同様に，再生計画の具体化は経営者に委ねられている。

続いて，D社の事例において，実行意欲の有無が再生計画のうち行動計画に基づき，実際の行動を質問することで確かめられた。金融機関は，追加の受注を獲得する方法と，行動について，経営者が提出した計画書をもとに，積極的な実行意欲があるかどうかを判断する。これに対して，経営者は金融機関を納得させられる行動計画を示すことができず，十分な事業意欲を示せなかった。そこで，金融機関は，経営者に積極的な営業活動を行わせるために，経営者の実行意欲を喚起しようと試みた。金融機関は高い実行意欲を期待しているが，行動計画の具体化は経営者に委ねられている。ただし，その具体化にあたり，金融機関は，たとえば営業活動における既存顧客を訪ねるような手段について助言した。

また，E社の事例における，将来願望の最終的な確認では，特に会計数値の目標については問われずに，本業に特化するという経営者の考えについて確かめられた。また，実行意欲の最終的な確認においては，D社と同様に具体的な行動計画と改善状況が問われた。

今回の事例では，現実的な将来願望の誘導が，会計数値目標の設定を通じて行われ，高い実行意欲への喚起は，行動計画の設定を通じて行われた。将来願望の誘導と，実行意欲の喚起のパターンには，さまざまな組み合わせがあると想定され，今後のさらなる検討を要する。

公式的な計画は，意図の伝達やアイデアを吸い上げるものとして，コミュニケーション・プロセスにも役立つ（Chenhall & Morris, 1986; Simons, 1995; Chapman, 1998）。対話は，会計情報を伝達し，一方で現場からアイデアを引き出すために用いられるといわれる。現実には，会計情報を伝達したところでそれが，適切に伝わるとは限らない。また，それがどう伝わって，どのように理解されるのかは，観察が非常に難しい。うまくいく場合もあるだろうが，うまくいかない場合もありえる。うまくいく場合にはどのようにやっているのか。これは，参与観察によらなければなかなか実証することは難しい。本事例では，

会計情報や行動計画に基づく対話により，経営者の将来願望や実行意欲といった経営者意識にまで影響を及ぼすことが明らかになった。MCSを考える場合に，経営者意識といったものは，所与のものとされてきたが，ビジネス・エコシステムにおける相互作用が行われる動的な状況においては，経営者意識まで可変なものとして捉えうる。

8.4. 計画策定支援能力の相互補完性と計画策定主体としての経営者

　戦略計画の策定を担当するのは，元来は経営者であり（Anthony, 1965），大企業においては，戦略計画の策定と実行における情報提供が，CFO，コントローラーを中心とする管理会計担当者によって行われる（Baxter & Chua, 2008）。しかし，中小企業の場合は経営者や管理会計担当者の能力に限界があり（Merchant & Ferreira, 1985; Marriott & Marriott, 2000），中小企業と銀行との二人三脚により経営が行われることは知られている。では，企業再生計画策定については誰がどのような役割を果たすのか。

　第6章におけるU社の事例から明らかになったように，金融機関の期待する企業再生計画に関する規範的な世界は具体的に示されているわけではなく，金融機関にとって許容可能な水準があり，それを満たすかどうかで，良否が判断される。つまり，具体的な数値計画と行動計画が，金融機関から提示されるわけではなく，具体的な作成方法に関して会計専門家との連携が取られながら支援された。金融機関は，いい経営計画はこうあるべきというものをもっているが，どういうものかは企業次第であり，妥当な軸について両者のすり合わせを行うようにした。

　会計専門家は上記のような金融機関の会計専門家に対する期待を理解したうえで，財務デュー・ディリジェンスと事業デュー・ディリジェンスを実施し，経営者の考えをもとに第1次再生計画の策定を支援する分析者としての役割を

果たした。

　しかし，企業再生に陥るような経営者の意識は夢想的である場合が多々あり，第1次再生計画は経験的に成功しない可能性が高い。第6章のU社の事例では金融機関が，現場の実地調査を行い，全社的に巻き込んだ計画作成方法の提供を行う触媒としての役割を果たした。

　その結果，企業内部の対話が促進されて，組織の一体化が生み出されることになった。経営者の考えに基づいて策定された企業再生計画では，具体性，実行性に欠けるものと判断されたので，企業の幹部を巻き込んで策定することで，具体性，実行性のある計画が企業のなかで考え出された。企業再生計画が合理的であるとの判断に至るまで，時間をかけて月次モニタリングが行われた。

　本事例では，金融機関と会計専門家のいずれも戦略の発見者としての役割を果たしたわけではない。Mintzberg（1994）は，3つの役割の重要性を指摘したが，本事例で戦略の発見者としての役割が見受けられなかった理由の一因は，U社においては，トップダウンで第1次再生計画が策定されており，現場の問題に対して現場が対処できる自由度が高くなかったことにあると考える。ただし，U社では金融機関による触媒の役割を通じて，1次計画で示された新規開拓といった増収策から，撤退基準の見直し，実質の値上げ交渉の遂行，商品アイテム数の絞込みを行う既存商品への重点シフトという方向性を見いだしたという点で，U社では新しいアイデアを生み出したといえる。

　このように，会計専門家が外部の専門家として経営者のよき分析者となり，金融機関が組織内の本音を引き出し，組織の潜在的な問題を抽出する触媒となるように，両者が連携を取りながら相互に補完していくことが外部者の役割の1つの特徴であることが明らかとなった。

　次に，戦略計画を具体的に実行可能性の高いものにすることができるのかについて，すでに議論を行った計画策定担当者の役割以外の要素を検討する。戦略計画が失敗する要因として第2章で整理したように，①計画数値と実行計画が不整合であること，②研究方法上で文脈的な影響を無視していること，③不適格な測定技術に基づくことの3種類がある（Pearce et al., 1987）。

① 計画数値と実行計画の不整合性については，第1次再生計画が経営者の考えをもとに策定されており，計画数値と実行計画の整合性がとられていなかった。しかし，外部からの計画策定支援を受け，従業員も含めて策定された第2次再生計画では，計画数値と行動計画の整合性がとられることになった。

② 本事例における留意すべき文脈上の問題としては，会社内にルールがあるにもかかわらず，当該ルールが遵守されないというガバナンス構造があげられる。それが企業内の問題を組織内で解決に導くことを困難にしていたが，外部からの助言を受けて，ガバナンス構造を見直すことで対応を図った。

③ 不適格な測定技術に関して，本事例で観察されたことは，U社が粉飾決算を行い，会計データの均質性を欠いているために，適切な現状把握がなされていないことである。したがって，経営改善計画の開始に時間がかかった。この点については，Bracker & Pearson（1986）でも観察されたとおりである。しかし，管理会計データのうち，原価データは入手されていたが，それが価格交渉に活用されず，組織上の問題が明確になっていなかった。この点から，中小企業では利用できるデータがないという問題（Bracker & Pearson, 1986; Marriott & Marriott, 2000）以外にも，本事例のように利用できる会計情報があってもうまく活用されておらず，外部による触媒の役割を通じて会計情報が適切に利用されるようになる可能性が示された。

最後に，金融機関が会計専門家による計画策定支援の役割を担える可能性について検討したい。会計専門家に再生計画の策定支援が依頼されるのは，再生企業の事業規模が大きい，専門知識の必要な業種であるという理由が多い。では，金融機関が専門能力を蓄積すれば会計専門家に依頼する必要がなくなるのか。金融機関独自で企業再生を完了できる場合も当然に想定される。本研究により，金融機関が会計専門家と連携をとることで，よりスムーズに企業再生プ

ロセスが進展するものと考える。会計専門家は，外部の客観的な立場から経営者の考えを述べる役割を果たすことが，金融機関と決定的に異なっている。経営者からすれば，最初から取引関係のある金融機関から直接の支援を得るのではなく，金融機関からの紹介であったとしても，会計専門家による独立した立場の意見を得ながら再生計画の策定を進めたいと考えている。

　また，金融機関や会計専門家が計画策定の主体となるのではなく，経営者が計画策定の主体であるべきと金融機関と会計専門家から期待されており，それが企業再生の成功確率を高めるための重要な要素と認識されていることが明らかとなった。第三者である金融機関や会計専門家が実抜計画を策定して，企業に提出したほうが，時間的にも手間がかからず，あるべきものが作成されそうだが，実際にはそのようにはされない。あくまでも，企業が何をするか決定することが前提とされていることが，本研究で明らかとなった。

　企業再生計画の策定においては，金融機関と企業に加えて，会計専門家の相互作用を通じて，より具体的で実行可能性の高いものとなる。このことから，それぞれを単独に見るのではなく，ビジネス・エコシステムとして捉えることにより，MCSを動的に理解できるものとなる。

8.5. セグメント別損益計算の策定と経営者による学習

　セグメント別損益計算が行われる理由は，企業規模の拡大に伴う分業体制をとり業績管理を行うため，また，セグメント別損益計算の結果を用いて事業撤退の意思決定に用いるためであると考えられてきた。企業再生においては，セグメント別損益計算はどのような理由で導入され，どのような機能を果たすのかということについて，第7章ではF社の事例を用いて検討した。

　第7章の事例では，セグメント別の損益情報が金融機関より要請された。経営者は試行錯誤を行い商品ごとにコードを分類することで，卸売販売と製造販

売の損益を把握できるようになり，これによって再生計画の合理性が確かめられ，企業再生の完了に至った。これは先行研究で指摘されているとおり，ベンチャーキャピタルから標準的な資料の提出が要請されることに対応する（たとえば，Mitchell & Reid, 2000; Silvola, 2008)。さらに，この事例で明らかになったことは，必要な資料に対して，どのようなプロセスで資料を提供するのかである。

金融機関は，こういうデータが出てくるべきという必要なデータをもっているが，どのようにしてデータを提供するのかは，経営者に委ねられた。F社では，会計専門家と金融機関の担当者は再生計画の策定に関与したものの，セグメント別損益計算を行うための詳細な指導を行ったわけではなく，経営者の試行錯誤により策定された。

セグメント別損益計算を策定するプロセスを通じて，経営者は経営実態を確認することができた。さらに，経営者が試行錯誤することで学習プロセスを進め，その後の組織変革に影響を及ぼすことにつながった。これは，会計情報の入手過程を通じた経営者による自己学習の促進機能が発揮されたものといえ，管理会計システムの変化が組織の構成要素の変化に影響をもたらした（Cassisa et al., 2005)。

また，経営者の頭の中にある考えを外部の利害関係者に明示してアカウンタビリティを果たせた。これにより，金融機関は，企業再生計画の承認を行うことができ，F社に対する取引を継続して，F社の債務者区分を引き上げることに成功した。

F社の場合は，卸売販売と製造販売という2事業があるため，本来はセグメント別の損益が把握されていたとしても不思議ではない。ただし，たとえばGreiner（1972）がいうところの自律性の危機が生じることは，10名程度の組織においては想定されていない。したがって，非常に小規模であっても，セグメント別損益を把握することが企業再生のような組織の危機へ対応する1つの手段となりうることは，非常に示唆の多いことであると考える。10名程度の組織であれば，経営者の頭の中で損益計算を行い，資金繰りを考えることも可能かもしれない。しかし，小規模であっても，今回のように経営者が変更し事業

承継を行う場合や，従業員を教育して権限を付与する場合には，会計情報を通じて計数管理できるようにすることが，事業承継に有効に寄与すると思われる。

また，小規模企業にセグメント別損益計算が導入されたことは，Sandino (2007) と同様の結果を示す。彼女の研究では業種により，小規模企業であっても基本的なMCSを有していることが示されたが，本研究では，業種にかかわらず，上記の危機的状況において，基本的なMCSが求められることが明らかになった。

以上より，セグメント別損益の計算が分権化された組織の業績評価のためだけに行われるのではなく，セグメント別の採算を知り，事業の方向性を決定し，対外的に説明するものとして利用できるものとして，企業の規模を問わず，再生計画の策定において重要であることを示唆した。当該プロセスを通じて，経営者の自己学習を促進することが観察された。本事例は，経営者が試行錯誤しながら会計を理解していくなかで，会計情報の利用を通じて，組織の変革を行うことを示すものである。

8.6. 本研究の貢献と今後の課題

本書は，企業再生をビジネス・エコシステムの観点から，再生プロセスにおける管理会計の役割を検討した。高度経済成長期を経て，バブル経済の崩壊を経験し，大きな経済成長が見込まれない今後の日本経済において，健全な競争条件のもとで企業再生を実施することにより倒産件数を減少させ，中小企業をいかに存続させていくのかというのが喫緊の課題となっている。

企業再生で行われる実抜計画や合実計画の策定は，会計計画と事業計画からなる戦略計画の策定である。中小企業再生支援協議会の調査により，再生企業の過半数で管理会計技法が導入されていることが明らかとなったが，その実態についてはこれまでつまびらかにされていない。

そこで，本書ではX銀行を中心とする中小企業の再生現場に焦点を当て，参与観察を中心とする長期的なフィールドワークによる経験的研究を行った。本研究の貢献は以下の２点にある。

　第１に，実態調査が容易でない金融機関と企業間のコミュニケーションが行われる企業再生の現場に立ち会い，再生計画の策定に関する詳細なフィールドデータから，組織の危機への対応を理解し，企業再生プロセスを信頼の再構築プロセスとして位置づけたことである。

　企業再生は組織間の連携によって行われるため，ネットワーク間における信頼関係が非常に重要になる。それは，単独の企業だけで成し遂げられるものではなく，金融機関，会計専門家も関与する相互作用プロセスのもとで行われる。そこでは，経営者の意識改革，達成可能性の高い計画策定，セグメント別損益計算が信頼関係の構築を進めることが明らかとなった。つまり，再生計画の策定プロセスにおいて，経営者の意識改革を行い，全社的な活動に結びつけ，潜在的な能力をいかに顕在化させるのかが信頼の再構築において重要になる。

　第２に，企業再生を一企業内部におけるMCSの変化だけでなく，金融機関および外部の会計専門家と企業間の相互作用を通じたビジネス・エコシステムの観点から検討することで，それぞれのMCSの動的な変化プロセスを捉えうることを明らかにした。つまり，MCSを一企業で完結するものとしてではなく，組織間の連携もふまえた，ビジネス・エコシステムとして統治メカニズムを捉えることにより，中小企業とそれを支援する地域金融機関，会計専門家の相互作用を理解して，MCSの変化の動的な把握につとめた。その結果，現実世界を規範世界に近づけるためにどのような取組みが行われているのかについて理解を深めた。

　金融機関が考える規範世界と，現実世界との差異をどのように克服するのかについて，信頼関係，経営者意識，再生計画の策定，セグメント別損益計算の要求を整理することで，明らかとなったのは次の点である。

　第１に，規範世界において識別される対象が複数あり，その目標と達成方法には複数のパターンが存在することが明らかになった。信頼関係や，経営者意識は，具体的にどうあるべきなのかが，金融機関より明確に示されており，そ

の明確な目標に向けて，経営者は誘導された。具体的な再生計画の中身については，金融機関や会計専門家から指示されるわけではなく，あくまでも経営者を中心とする企業の決定に任された。また，セグメント別損益計算についても，金融機関が必要とする情報に関しては要求されたが，具体的な作成方法は経営者の試行錯誤に委ねられた。

第2に，規範世界と現実世界に相互作用がみられることである。そもそも戦略計画の策定は，企業にとってのコア業務のように思われるが，企業再生においては，他社がその領域に関与する。金融機関が考える規範世界は，教科書で述べられるようなエクセレント・カンパニーの実践のような最適解となっているわけではないが，経営に失敗した企業再生の平均的な経営管理レベルよりも高いものとなっており，現実世界がある程度入っている。それは，経済状況や経営者の状況が勘案されたものであり，経営者のレベルが高まれば，金融機関の認識も変わり，金融機関の規範世界のレベルが高まるので，規範世界と現実世界には相互作用があるといえる。

第3に，澤邉（2005）が対象とした政治プロセスは，権力関係によるゼロサムゲームである。しかし，本研究のような社会経済プロセスにおいて，力関係は無視できないが，支配従属関係はなく，Win-Winの関係を目指したものであることが明らかになった。現状よりは厳しいが実現可能なレベルの目標を掲げ，高い実行意欲をもつべきであるということを，金融機関と会計専門家が共有し，その実現に向けて経営者を誘導していき，全体での目的の共有化を目指した。ビジネス・エコシステムにおけるプレイヤー間の相互作用を通じた努力により，それぞれの利益となることが目指された。

他方で，本書の限界と今後の課題として，次の点があげられる。本研究では，文脈を非常に限定しているため，現実世界を詳細に描写することの本質的な限界として，どのような場合に，今回得られた知見が採用できるのか，あるいは採用できないのかについては論じることはできない。これについては，データ入手の問題もあるとはいえ，再生企業に関する定量的な分析を通じて，あるいは複数の事例分析を通じて，今後さらに研究が進むと考えられる。

また，本書は金融機関の立場から，複数の企業のさまざまな場面を切り取り，企業再生における重要なプロセスの描写に努めたため，企業側の視点，会計専門家の視点については十分に描写できなかった。今後は，企業の立場から捉えるシングルケーススタディや，会計専門家からの視点をさらに加えることにより，本研究が補完される可能性がある。

　さらには，企業再生における管理会計の役割について，本研究で検討の対象とした管理会計技法は経営計画の策定やセグメント別損益計算などに限定されている。これはエスノグラフィックな調査による少数の事例に基づいていることが反映された結果であるが，管理会計技法の役立ちを管理会計側から体系的に十分には行えていない。企業再生における管理会計の役割をさらに広く理解するためには，管理会計技法を体系的かつ理論的に検討していく必要がある。

　本書では再生計画の策定プロセスに注目したが，再生計画が策定されたとしても，中小企業においては，定常時の管理会計がない場合が多いため，再生計画の実行力が問題となる。より長期的な観点からみれば，経営者が会計プロセスを通じて経営に関する学習を行い，経営能力を高めて，顕在的な能力をいかに持続させるかが大きな課題である。いかに，再生企業に予算管理を中心とするPDCAサイクルを根づかせ，そのサイクルを通じて，経営者や管理者の経営能力を高めるのかといった，学習，成長を促進するビジネス・エコシステムのあり方については，今後の研究課題としたい。他方で，金融機関の担当者や，会計専門家の能力をどのようにして，高めるのかということも大きな課題となっている。これらについても，今後の検討課題としたい。

●注
1　なお，E社の場合は，経営改善を行うなかで顕在的な能力に対する信頼が構築され，経営意識の期待水準を超えることにより経営者の資質が確認され，最終的にX銀行からの善意による信頼があることが確認された。
2　会計計画を通じてのみ，経営者の将来構想が修正されているというわけではなく，会計計画の確認を通じて経営者の将来構想の修正が試みられており，この確認と説得が非常に重要であるということである。

【Appendix】参与観察記録（金融機関と企業のミーティング）

会社	時間	業種	売上規模(円)	調査内容
A社	11	製造業	4.5億	計画策定～計画実行の参与観察
B社	1.5	製造業	20億	再生開始の面談
C社	1	製造業	15億	計画策定の面談
D社	1	製造業	1.5億	再生失敗後の面談
E社	1	サービス業	4億	計画実行の意思確認
F社	4	製造・販売業	2億	クロージングの面談
G社	2	サービス業	7億	計画策定の面談
H社	2	製造業	20億	金融機関ミーティング
I社	1	小売業	10億	再生に関するインタビュー
J社	2	サービス業	1.5億	計画策定の面談
K社	1.5	サービス業	6億	計画策定の面談
L社	1	サービス業	1億	再生開始の面談
M社	1	製造業	7億	債権者会議
N社	1	サービス業	4億	計画実行の意思確認
O社	1	建設業	22億	金融機関ミーティング
P社	1	小売業	40億	再生開始の面談
Q社	2	サービス業	10億	クロージングの面談

　これは，筆者が参与観察として明確に立ち会ったといえるものをリストアップしている。上記には，フォローアップのインタビューの時間は含まれていない。上記以外には，金融機関立会のもとでインタビューをした場合もあり，参与観察かインタビューか明確ではない場合があるが，少なくとも35時間分については，筆者が参与観察をしたものといえるため，上記リストとして記す。

【参考文献】

●欧文

Abernethy, M. A., & Brownell, P. (1999) The role of budgets in organizations facing strategic change: an exploratory study. *Accounting, organizations and society*, 24 (3), 189-204.

Adizes, I. (1979) Organizational passages—diagnosing and treating lifecycle problems of organizations. *Organizational dynamics*, 8 (1), 3-25.

Ahrens, T., & Chapman, C. S. (2004) Accounting for Flexibility and Efficiency: A Field Study of Management Control Systems in a Restaurant Chain. *Contemporary accounting research*, 21 (2), 271-301.

―――&――― (2006) Doing qualitative field research in management accounting: positioning data to contribute to theory. *Accounting, Organizations and Society*, 31 (8), 819-841.

―――&――― (2007) Management accounting as practice. *Accounting, Organizations and Society*, 32 (1-2), 1-27.

―――& Dent, J. F. (1998) Accounting and organizations: realizing the richness of field research. *Journal of management accounting research*, 10, 1-10.

Andaleeb, S.S. (1992) The Trust Concept: Research Issues for Channels of Distribution. *Research in Marketing*, 11, 1-34.

Andersen, T. J. (2000) Strategic planning, autonomous actions and corporate performance. *Long Range Plan*, 33, 184-200.

Ansari, S., & Euske, K. J. (1987) Rational, rationalizing, and reifying uses of accounting data in organizations. *Accounting, Organizations and Society*, 12 (6), 549-570.

Ansoff, H. I. (1987) The emerging paradigm of strategic behavior. *Strategic Management Journal*, 8 (6), 501-515.

Anthony, R. N. (1965) *Planning and Control Systems: A Framework for Analysis*. Boston, Massachusetts: Division of Research, Graduate School of Business Administration, Harvard University. (高橋吉之助訳 (1968)『経営管理システムの基礎』ダイヤモンド社)

Atkinson, A. C., & Shaffir, W. (1998) Standards for field research in management accounting. Journal of management accounting research, 10, 41-68.

Baxter, J., & Chua, W. F. (2003) Alternative management accounting research—whence and whither. *Accounting, organizations and society*, 28 (2), 97-126.

―――&――― (2008) Be (com) ing the chief financial officer of an organisation: Experimenting with Bourdieu's practice theory. *Management Accounting Research*, 19 (3), 212-230.

Berg, B., & Lune, H. (2012) *Qualitative research methods for the social sciences*. Boston: Pearson.

Berry A. J., S. Faulkner, M. Hughes, & R. Jarvis (1993) Financial Information, The banker and the small business. *British Accounting Review*, 25（2）, 131-150.

—— & Otley, D. T. (2004) Case-based research in accounting. in C. Humphrey and B. Lee (ed.) *The real life guide to accounting research: a behind-the-scenes view of using qualitative research methods*, 231-255.

Bisbe, J., & —— (2004) The effects of the interactive use of management control systems on product innovation. *Accounting, Organizations & Society*, 29（8）, 709-737.

Boot A. W. A. (2000) Relationship Banking: What Do We Know?. *Journal of Financial Intermediation*, 9, 7-25.

Bracker, J. N., & Pearson, J. N. (1986) Planning and financial performance of small, mature firms. *Strategic Management Journal*, 7（6）, 503-22.

Briers, M., & Chua, W. F. (2001) The role of actor-networks and boundary objects in management accounting change: a field study of an implementation of activitybased costing. *Accounting, Organizations and Society*, 26（3）, 237-269.

Broadbent, J., Dietrich, M., & Laughlin, R. (1996) The Development of Principal-Agent, Contracting and Accountability Relationships in the Public Sector. *Critical Perspectives in Accounting*, 7（4）, 259-284.

Brock, D. M., Barry, D., & Thomas, D. C. (2000) 'Your forward is our reverse, your right, our wrong': Rethinking multinational planning processes in light of national culture. *International Business Review*, 9（6）, 687-701.

Busco, C., Riccaboni, A., & Scapens, R. W. (2006) Trust for accounting and accounting for trust. *Management Accounting Research*, 17（1）, 11-41.

Caglio, A., & Ditillo, A. (2008) A review and discussion of management control in interfirm relationships: Achievements and future directions. *Accounting, Organizations and Society*, 33（7）, 865-898.

Cameron, K. S., Sutton, R. I., & Whetten, D. A. (1988) *Readings in organizational decline: Frameworks, research, and prescriptions*. Ballinger Publishing Company.

Cardinal, L. B., Sitkin, S. B., & Long, C. P. (2004) Balancing and rebalancing in the creation and evolution of organizational control. *Organization Science*, 15（4）, 411-431.

Carr, C., & Ng, J. (1995) Total cost control: Nissan and its U. K. supplier partnerships. *Management Accounting Research*, 6（4）, 347-365.

Cassia, L., Paleari, S., & Redondi, R. (2005) Management accounting systems and organizational structure. *Small Business Economics*, 25（4）, 373-391.

Chalos, P., & O'Connor, N. G. (2004) Determinants of the use of various control mechanisms in US-Chinese joint ventures. *Accounting, Organizations and Society*, 29（7）, 591-608.

Chandler, A.D. (1962) *Strategy and Structure*. MIT Press, Cambridge, MA.

Chapman, C. S. (1998) Accountants in organisational networks. *Accounting, organizations*

and society, 23（8）, 737-766.
Chenhall, R. H.（2005）Content and Process Approaches to Studying Strategy and Management Control Ststems. in C. Chapman (ed.), *Controlling strategy: Management, Accounting, and Performance Measurement*, Oxford University Press, 81-103.（澤邉紀生・堀井悟志監訳（2008）『戦略をコントロールする―管理会計の可能性』中央経済社）
―――& Morris, D.（1986）The impact of structure, environment, and interdependence on the perceived usefulness of management accounting systems. *The accounting review*, 61（1）, 16-35.
Chua, W. F., & Mahama, H.（2007）The Effect of Network Ties on Accounting Controls in a Supply Alliance: Field Study Evidence. *Contemporary Accounting Research*, 24（1）, 47-86.
Collier, P. M.（2005）Entrepreneurial control and the construction of a relevant accounting. *Management Accounting Research*, 16（3）, 321-339.
Collins, J. C., and Porras, J. I.（1994）*Built to Last: Successful Habits of Visionary Companies*. New York: Harper Colins.（山岡洋一訳（1995）『ビジョナリーカンパニー』日経BP出版センター）
Cooper, R., & Kaplan, R. S.（1988）Measure Costs Right: Make the Right Decision. *Harvard Business Review*, 88（5）, 12-20.
―――& Slagmulder, R.（2004）Interorganizational cost management and relational context. *Accounting, Organizations and Society*, 29（1）, 1-26.
Cuganesan, S., & Lee, R.（2006）Intra-organisational influences in procurement networks controls: The impacts of information technology. *Management Accounting Research*, 17（2）, 141-170.
Davila, A.（2005）An exploratory study on the emergence of management control systems: Formalizing human resources in small growing firms. *Accounting, Organizations and Society*, 30（3）, 223-248.
―――& Foster, G.（2005）Management accounting systems adoption decisions: evidence and performance implications from early-stage/startup Companies. *The Accounting Review*, 80（4）, 1039-1068.
―――&―――（2007）Management control systems in earlystage startup companies. *The Accounting Review*, 82（4）, 907-937.
―――&―――（2008）The adoption and evolution of management control systems in entrepreneurial companies: Evidence and a promising future. *Handbooks of Management Accounting Research*, 3, 1323-1336.
―――, ――― & Li, M.（2009）Reasons for management control systems adoption: Insights from product development systems choice by early-stage entrepreneurial companies. *Accounting, Organizations and Society*, 34（3）, 322-347.
Dekker, H. C.（2003）Value chain analysis in interfirm relationships: a field study. *Management Accounting Research*, 14（1）, 1-23.

―――― (2004) Control of inter-organizational relationships: evidence on appropriation concerns and coordination requirements. *Accounting, Organizations and Society*, 29（1）, 27-49.

Eisenhardt, K. M. (1989) Building theories from case study research. *Academy of management review*, 14（4）, 532-550.

―――― (1991) Better stories and better constructs: the case for rigor and comparative logic. *Academy of Management review*, 16（3）, 620-627.

Fann, K. T. (1970) *Peirce's theory of abduction*. The Hague: Martinus Nijhoff.

Fay, E., Introna, L., & Puyou, F. (2010) Living with numbers: Accounting for subjectivity in/with management accounting systems, *Information and Organisation*, 20（1）, 21-43.

Flyvbjerg, B. (2004) Phronetic planning research: theoretical and methodological reflections. *Planning Theory & Practice*, 5（3）, 283-306.

Geertz, C. (1973) The interpretation of cultures: Selected essays (Vol. 5019). *Basic books*.

Gergen, M. M., & Gergen, K. J. (2000) Qualitative inquiry: Tensions and transformations. *Handbook of qualitative research*, 2, 1025-1046.

Gietzmann, M. B. (1996) Incomplete contracts and the make or buy decisions: governance design and attainable flexibility. *Accounting, Organizations and Society*, 21（6）, 611-626.

Granlund, M. (2001) Towards explaining stability in and around management accounting systems. *Management Accounting Research*, 12（2）, 141-166.

――――& Lukka, K. (1998) Towards increasing business orientation: Finnish management accountants in a changing business context. *Management Accounting Research*, 9（4）, 185-211.

――――& Taipaleenmaki, J. (2005) Management control and controllership in new economy firms― a life cycle perspective. *Management Accounting Research*, 16（1）, 21-57.

Greiner, L. E. (1972) Evolution and revolution as organizations grow. *Harvard Business Review*, 50（4）, 37-46.

―――― (1998) Evolution and revolution as organizations grow. (Reprint of a 1972 article.) *Harvard Business Review*, 76（3）, 55-67.

Groot, T. L. C. M., & Merchant, K. A. (2000) Control of international joint ventures. *Accounting, Organizations and Society*, 25（6）, 579-607.

Gupta, A. K., & Chin, D. C. W. (1990) An empirical examination of information systems expenditure: a stage hypothesis using the information processing and organizational life cycle approaches. *Journal of Information Science*, 16, 105-117.

Håkansson, H., & Lind, J. (2004) Accounting and network coordination. *Accounting, Organizations and Society*, 29（1）, 51-72.

Hammersley, M., & Atkinson, P. (2007) *Ethnography*. Routledge.

Hannan, M.T., & Freeman, J.（1977）The population ecology of organizations. *American Journal of Sociology*, 82（5）, 929-964.

―――＆――― （1989） *Organizational Ecology*. Harvard University Press: Cambridge, MA.

―――＆――― （2006）Accounting in an Interorganizational Setting. Handbook of *Management Accounting Research. 2*, 885-904.

Harris, J. N.（1946）The Case Against Administrative Expenses in Inventory. Journal of Accountancy, 82（1）, 32-36.

Hopwood, A. G.（1987）The archeology of accounting systems. *Accounting, organizations and society*, 12（3）, 207-234.

Horngren, C. T.（1962）Choosing Costing and Generally Accepted Accounting principles. NAA Bulletin, Sept., 3-15.

Iansiti, M., & Levien, R.（2004）*The Keystone Advantage: What the New Dynamics of Business Ecosystems Mean for Strategy, Innovation and Sustainability*. Harvard Business School Press: Boston, MA.（杉本幸太郎訳（2007）『キーストーン戦略』翔泳社）.

Kajüter, P., & Kulmala, H. I.（2005）Open-bookaccounting in networks. Potential achievements and reasons for failures. *Management Accounting Research*, 16（2）, 179-204.

Kaplan, R. S.（1986）The role for empirical research in management accounting. *Accounting, Organizations and Society*, 11（4）, 429-452.

――― & Norton, D. P.（1992）The Balanced Scorecard：Measure that Drive Performance. *Harvard Business Review*, 70（1）, 71-79.

―――＆――― （1996）*The Balanced Scorecard: Translating Strategy into Action. Boston*, Massachusetts: Harvard Business School Press.（吉川武男訳（1997）『バランス・スコアカード――新しい経営指標による企業変革――』生産性出版）

Kohl, C. A.（1937）What is wrong with most profit and loss statements?. NACA Bulletin, 18（21）, 1207-1219.

Langfield-Smith, K., & Smith, D.（2003）Management control systems and trust in outsourcing relationships. *Management Accounting Research*, 14（3）, 281-307.

Lewis, V. L., & Churchill, N. C.（1983）The five stages of small business growth. *Harvard business review*, 61（3）, 30-50.

Lillis, A. M., & Mundy, J.（2005）Cross-sectional field studies in management accounting research-closing the gaps between surveys and case studies. *Journal of management accounting research*, 17（1）, 119-141.

Luft, J., & Shields, M. D.（2003）Mapping management accounting : graphics and guidelines for theory-consistent empirical research. *Accounting, organizations and society*, 28（2）, 169-249.

Lukka, K., & Modell, S.（2010）Validation in interpretive management accounting research. *Accounting, Organizations and Society*, 35（4）, 462-477.

Macintosh, N.B. (1995) *Management Accounting and Control Systems: An Organizational and Behavioral Approach*. Wiley, New York, NY.

Malmi, T. (1999) Activity-based costing diffusion across organizations: an exploratory empirical analysis of Finnish firms. *Accounting, Organizations and Society*, 24 (8), 649-672.

Marple, R. P. (1967) Management accounting is coming of age. Management Accounting, 45 (7), 3-16.

Marriott, N., & Marriott, P. (2000) Professional accountants and the development of a management accounting service for the small firm: barriers and possibilities. *Management Accounting Research*, 11 (4), 475-492.

May, P.A. (1957) The Need for Profit Evaluation for Sub-Division of a Company. NAA Bulletin, Sept., 27-31.

McFarland, W. B. (1966) Concepts for management accounting. National Association of Accountants.

Merchant, K., & Ferreira, L. (1985) Performance Measurement and Control in Small Businesses. in B. Needles (ed.), *The Accounting Profession and the Middle Market*, Chicago, De Paul University, 81-103.

Miller, D., & Friesen, P. H. (1983) Strategy-making and environment : The third link. *Strategic management journal*, 4 (3), 221-235.

―――&――― (1984) A longitudinal study of the corporate life cycle. *Management Science*, 30 (10), 1161-1183.

Mintzberg, H. (1987) Crafting strategy. *Harvard Business Review*, 65 (4), 66-75.

――― (1994) The rise and fall of strategic planning. The Free Press. (中村元一, 黒田哲彦, 崔大龍, 小高照男訳『戦略計画創造的破壊の時代』産能大学出版部).

Mithchell, F., & Reid, G. C. (2000) Problems, challenges and opportunities: the small business as a setting for management accounting research. *Management Accounting Research*, 11 (4), 385-390.

Moore, JF. (1993) Predators and Prey: A New Ecology of Competition. *Harvard Business Review*, 71 (3), 75-86.

Moores, K., & Yuen, S. (2001) Management accounting systems and organizational configuration: A life- cycle perspective. *Accounting, Organizations and Society*, 26 (4-5), 351-389.

Mouritsen, J. (1996) Five aspects of accounting departments' work. *Management Accounting Research*, 7 (3), 283-303.

―――, Hansen, A. & Hansen, C. Ø. (2001) Inter-organizational controls and organizational competencies: episodes around target cost management/ functional analysis and open book accounting. *Management Accounting Research*, 12 (2), 221-244.

―――& Thrane, S. (2006) Accounting, network complementarities and the development of inter- or ganizational relations. *Accounting, Organizations and Society*, 31 (3),

241-275.
Munday, M. (1992) Accounting cost data disclosure and buyer-supplier partnerships—A research note. *Management Accounting Research*, 3 (3), 245-250.
Neikirk, W. (1951) How Direct Costing Can Work for Management?. NACA Bulletin, 22 (5), 523-535.
Nørreklit, H., Nørreklit, L., Mitchell, F., & Bjørnenak, T. (2012) The rise of the balanced scorecard! Relevance regained?. *Journal of Accounting & Organizational Change*, 8 (4), 490-510.
Pearce II, J.A. , Freeman, E.B., & Robinson, Jr R.B. (1987) The tenuous link between formal strategic planning and financial performance. *Academic Management Review*, 12 (4), 658-75.
Peel, M. J., & Bridge, J. (1998) How planning and capital budgeting improve SME performance. *Long Range Planning*, 31 (6), 848-856.
Perren, L., & Grant, P. (2000) The evolution of management accounting routines in small businesses: A social construction perspective. *Management Accounting Research*, 11 (4), 391-411.
Porter, M. (1985) *Competitive advantage: creating and sustaining superior performance*. New York, Free Press. (土岐坤, 中辻萬治, 小野寺武夫訳『競争優位の戦略』ダイヤモンド社).
Prahalad, C. K., & Hamel, G. (1990) The core competence of the corporation. *Harvard Business Review*, 68 (3), 79-91.
Quinn, J. B. (1980) *Strategies for change: Logical incrementalism*. Homewood, IL: RD Irwin.
Quinn, R. E., & Cameron, K. (1983) Organizational life cycles and shifting criteria of effectiveness: Some preliminary evidence. *Management science*, 29 (1), 33-51.
Read, R. B. (1957) Various Profit Figures and Their Significance, NAA Bulletin, Sept., 32-37.
Reid, G. C., & Smith, J. A. (2000) The impact of contingencies on management accounting systems development. *Management Accounting Research*, 11 (4), 427-450.
Sako, M. (1992) *Prioces, Quality and Trus: Inter-Firm Relations in Britain and Japan*. Cambridge University Press.
Sandino, T. (2007) Introducing the First Management Control Systems: Evidence from the Retail Sector. *The Accounting Review*, 82 (1), 265-293.
Sathe, V. (1983). The controller's role in management. Organizational Dynamics, 11 (3), 31-48.
Seal, W. (1998) Relationship banking and the management of organizational trust. *International Journal of Bank Marketing*, 16 (3), 102-107.
―――, Cullen, V., Dunlop, A., Berry, T., & Ahmed, M. (1999) Enacting an European Supply Chain: A Case Study on the role of Management Accounting. *Management Accounting Research*, 10 (3), 303-322.

Sheard, P. (1989) The main bank system and corporate monitoring and control in Japan. *Journal of Economic Behavior and Organization*, 11, 399-422.

Shillinglaw, G. (1957) Guides to internal profit measurement. Harvard Business Review, 35 (2), 82-94.

Silverman, D. (2009) *Doing qualitative research*. 3 rd Edition, Sage.

Silvola, H. (2008) Design of MACS in growth and revival stages of the organizational lifecycle. *Qualitative Research in Accounting & Management*, 5 (1), 27-47.

Simons, R. (1995) *Levers of control: how managers use innovative control systems to drive strategic renewal*. Boston, MA : Harvard Business School Press, (中村元一, 浦島史恵訳 (1998) 『ハーバード流「21世紀経営」 4つのコントロール・レバー』産能大学出版部).

Slatter, S., & Lovett, D. (1999) *Corporate Turnaround: Managing Companies in Distress*. Penguin Books Ltd, Harmondsworth, (ターンアラウンド・マネジメント・リミテッド (2003) 『ターンアラウンド・マネジメント【企業再生の理論と実務】』ダイヤモンド社).

Solomons, D. (1965) Divisional performance: measurement and control. Homewood.

Steiner, G. A. (1969) *Top management planning*. Free Press.

Thrane, S. (2007) The complexity of management accounting change: Bifurcation and oscillation in schizophrenic inter-organisational systems. *Management Accounting Research*, 18 (2), 248-272.

Tomkins, C. (2001) Interdependencies, trust and information in relationships, alliances and networks. Accounting, *Organizations and Society*, 26 (2), 161-191.

Van de Ven, A. H., & Poole, M. S. (1995) Explaining development and change in *organizations. Academy of management review*, 20 (3), 510-540.

――&―― (2005) Alternative approaches for studying organizational change. *Organization Studies*, 26 (9), 1377-1404.

Van der Meer-Kooistra, J., & Vosselman, E. G. J. (2000) Management control of interfirm transactional relationships: the case of industrial renovation and maintenance. *Accounting, Organizations and Society*, 25 (1), 51-77.

Van Maanen, J. (1982) Fieldwork on the beat. *Varieties of qualitative research*, 103-151.

Victor, B., & Boynton, A.C. (1998) *Invented Here: Maximizing Your Organization's Internal Growth and Profitability*. Harvard Business School Press, Boston, MA.

Vosselman, E. G. J., & Van der Meer-Kooistra, J. (2009) Accounting for control and trust building in interfirm transactional relationships. *Accounting, Organizations and Society*, 34 (2), 267-283.

Williamson, O. E. (1975) *Markets and hierarchies: analysis and antitrust implications*. New York: Free Press. (浅沼萬里・岩崎晃訳 (1980) 『市場と企業組織』日本評論社).

―― (1985) *The economic institutions of capitalism*. New York: Free Press.

Wolcott, H. F. (1999) *Ethnography: A way of seeing*. Rowman Altamira.

Yin, R. (1984) *Case study research. Beverly Hills*. Beverly Hills, Calif. : Sage Publications.

●和文

浅田拓史(2009)「管理会計変化研究の動向」『メルコ管理会計研究』(2), 77-85.
家森信善(2006)「企業が望む金融サービスと中小企業金融の課題-関西地域の企業金融に関する企業意識調査を中心に」『RIETI Discussion Paper Series』経済産業研究所, 845-878。
伊藤久人(2009)『Q&A 中小企業のための事業再生の進め方―具体例による私的整理の手ほどき』清文社。
稲垣靖(2010)「我が国の中小企業再生における管理会計の導入」『経済科学』58(3), 57-74。
稲場建吾(2003)「セグメント別損益計算に関する一考察」『岩手県立大学宮古短期大学部研究紀要』13(2), 23-36。
稲盛和夫(2006)『アメーバ経営―ひとりひとりの社員が主役―』日本経済新聞社。
大浦啓輔(2006)「組織間におけるコントロール・システムと信頼」『原価計算研究』30(2), 63-71。
大山剛(2002)「今求められるリレーションシップ・バンキングの深化‐マクロ経済環境に対応した,一段と「濃い」関係の維持・強化を‐」『金融財政事情』2534, 1-9。
加護野忠男(1989)「戦略創造の組織論」『組織科学』23(1), 50-58。
上總康行(1989)『アメリカ管理会計史・上巻』同文舘出版。
———(1993)『管理会計論』新世社。
———(2003)「管理会計実務の日本的特徴―銀行借入と投資経済計算を中心に―」『経理研究所紀要』11, 1-22。
———・澤邉紀生編著(2006)『次世代管理会計の構想―次世代管理会計のフレームワーク―』中央経済社。
———・吉川晃史(2008)「日本電産の成長戦略と管理会計」『企業会計』60(11), 131-141。
金井壽宏・佐藤郁哉・ギデオン・クンダ・ジョン・ヴァン-マーネン(2010)『組織エスノグラフィー』有斐閣。
亀澤宏徳(2008)「企業の開業率・廃業率の動向と事業承継問題‐中小企業における経営の承継の円滑化に関する法律案(第169回国会の法律案等の紹介(2))」『立法と調査』, 32-41。
川村稲造(2009)『企業再生プロセスの研究』白桃書房。
木村彰吾(2003)『関係性のパターンと管理会計』税務経理協会。
金融庁(2003)「リレーションシップ・バンキングの機能強化に関するアクションプログラム―中小・地域金融機関の不良債権問題の解決に向けた中小企業金融の再生と持続可能性(サステナビリティー)の確保」。
———(2013)「金融検査マニュアル(預金等受入金融機関に係る検査マニュアル)」。
久保田政純編著(2008)『企業審査ハンドブック第4版』日本経済新聞出版社。
窪田祐一・大浦啓輔・西居豪(2008)「組織間管理会計研究の回顧と展望」『國民經濟雜誌』198(1), 113-131。
越純一郎(2003)『事業再生要諦―志と経営力 日本再生の十年に向けて―』商事法務。
坂口順也(2005)「組織間管理会計研究の動向」『桃山学院大学環太平洋圏経営研究』6, 3-25。

櫻井通晴（2012）『管理会計（第5版）』同文舘出版。
酒向真理（1998）「日本のサプライヤー関係における信頼の役割」『リーディングスサプライヤー・システム』有斐閣, 91-118。
佐藤郁哉（2002）『フィールドワークの技法－問いを育てる，仮説をきたえる－』新曜社。
澤邉紀生（2005）『会計改革とリスク社会』岩波書店。
─── （2009）「管理会計の実践と理論の相互発展に向けて─制度進化の観点から─」『會計』175（3）, 346-360。
───・飛田努（2009）「中小企業における組織文化とマネジメントコントロールの関係についての実証研究」『日本政策金融公庫論集』3, 73-93。
───・デービッド・J・クーパー・ウェイン・モーガン（2008）「管理会計におけるケーススタディ研究の意義」『メルコ管理会計研究』1, 3-20。
社団法人中小企業診断協会（2008）「『中小企業再生支援協議会業務』対応診断士マニュアル策定のための調査研究報告書」。
高寺貞男（1967）『簿記の一般理論』ミネルヴァ書房。
高橋賢（2008）『直接原価計算論発達史─米国における史的展開と現代的意義─』中央経済社。
中小企業庁金融課（2007～2013）「中小企業再生支援協議会の活動状況について」。
帝国データバンク（2010）「特別企画：「民事再生終結企業」の追跡調査」http://www.tdb.co.jp/report/watching/press/p100404.html, 1-5。
─── （2013）「倒産の定義」http://www.tdb.co.jp/tosan/teigi.html。
東京商工リサーチ（2013）「2012年度（平成24年度）全国企業倒産状況」http://www.tsr-net.co.jp/news/status/fiscal_year/1226755_1635.html。
戸前義夫（2000）「地域製造中小企業の経営理念と経営者のビジョン」『岡山大学経済学会雑誌』32（2）, 35-56。
内閣府（2012）「平成25年度の経済動向について（内閣府年央試算）」http://www5.cao.go.jp/keizai1/mitoshi/2013/h25shisan.pdf。
野田勝也（2010）「中小企業再生支援協議会事業の実績と今後の課題」『金融ジャーナル』38-41。
穂刈俊彦（2008）『地域金融機関による事業再生の実務』商事法務。
細川喜孝（2004）「69件の再生計画の概要」社団法人金融財政事情研究会編『企業再生事例選』社団法人金融財政事情研究会, 40-65。
真鍋誠司・延岡健太郎（2003）「信頼の源泉とその類型化」『國民經濟雜誌』187（5）, 53-65。
宗田親彦（2008）『倒産法概説新訂第4版』慶應義塾大学出版会。
森田直行（2014）『全員で稼ぐ組織 JALを再生させた「アメーバ経営」の教科書』日経BP社。
山岸俊男（1998）『信頼の構造 こころと社会の進化ゲーム』東京大学出版会。
吉川晃史（2010）「日本電産のM&A戦略と限界利益型管理会計」『メルコ管理会計研究』3, 65-74。

索 引

欧文

abduction approach……………… 78
authenticity……………………… 80
CFO……………………………… 65
DDS……………………………… 90
DES……………………………… 90
DIPファイナンス………………… 5
MCS……………………………… 21
MCSの変化プロセス…………… 24
PDCAサイクル………………… 21
plausibility……………………… 80
saturation………………………… 77
SWOT分析……………………… 90

あ行

アカウンタビリティ…………… 56
アクションリサーチ…………… 46
厚い記述………………………… 77
意識改革………………………… 12
市場ライフルサイクル………… 36
イネーブリング・コントロール… 38
エクセレント・カンパニー…… 22
エスノグラフィー……………… 76
エスノグラフィックな定性的研究… 74
エティック…………………… 77, 83
エミック………………………… 75
オープンブック会計…………… 51

か行

開業率…………………………… 4
会計計画……………………… 7, 31
会計サービス…………………… 24
会計情報………………………… 62
会計専門家……………………… 23
会計データの均質性の欠如…… 67
解釈主義による事例研究……… 76
会社更生法……………………… 5

外部環境………………………… 21
カウンセリング………………… 142
貸出条件緩和債権……………… 6
仮説的推論……………………… 78
間接金融………………………… 63
監督指針………………………… 6
管理会計技法…………………… 2
管理会計担当者………………… 65
管理会計変化…………………… 23
キー・ストーン……………… 2, 52
キー・ストーン戦略…………… 52
機会主義的な行動……………… 60
企業再生……………………… 2, 30
企業再生計画…………………… 2
企業再生支援機構……………… 5
企業再生プロセス…………… 2, 32
基礎づけ主義…………………… 75
規範世界………………………… 26
規範的研究……………………… 22
キャッシュ・フローの生成可能性… 96
業況判断DI……………………… 3
業績評価システム……………… 56
金融検査マニュアル…………… 5
金融サービス…………………… 24
グラウンデッド・セオリー・アプローチ
　………………………………… 76
経営改善………………………… 29
経営改善計画…………………… 7
経営革新等支援機関…………… 6
経営管理………………………… 22
経営計画………………………… 35
経営者意識……………………… 62
経営戦略論……………………… 142
計画策定機能…………………… 24
経験的研究……………………… 22
原価改善………………………… 51
原価企画………………………… 51
原価低減………………………… 51

顕在的な能力に対する信頼・・・・・・・・・ 98
現実世界・・・・・・・・・・・・・・・・・・・・・・ 26
コア・コンピタンス・・・・・・・・・・・・・・ 51
公式コントロール・・・・・・・・・・・・ 21, 32
合実計画・・・・・・・・・・・・・・・・・・・・・・・ 7
行動計画・・・・・・・・・・・・・・・・・・・・・ 46
公認会計士・・・・・・・・・・・・・・・・・・・・・ 9
合理的かつ実現可能性の高い経営改善計画
・・・・・・・・・・・・・・・・・・・・・・・・・・・・・ 7
コーチング能力・・・・・・・・・・・・・・・ 142
コンサルタント・・・・・・・・・・・・・・・・ 29
コンサルティング機能・・・・・・・・・・・ 53
コンティンジェンシー・アプローチ・・・ 24
コントローラー・・・・・・・・・・・・・・・・ 65

[さ行]

債務者区分・・・・・・・・・・・・・・・・・・・・・ 6
財務諸表・・・・・・・・・・・・・・・・・・・・・ 62
財務デュー・ディリジェンス・・・・・ 9, 31
産業活力再生特別措置法・・・・・・・・・・・ 9
産業再生機構・・・・・・・・・・・・・・・・・・・ 5
参与観察・・・・・・・・・・・・・・・・・・・・・ 74
事業計画・・・・・・・・・・・・・・・・・・・ 7, 31
事業デュー・ディリジェンス・・・・・ 9, 31
資源ベースの戦略論・・・・・・・・・・・・・ 53
自己査定・・・・・・・・・・・・・・・・・・・・・・ 4
市場ライフサイクル・・・・・・・・・・・・ 36
実現可能性の高い抜本的な経営再建計画
・・・・・・・・・・・・・・・・・・・・・・・・・・・・・ 7
実質破綻先・・・・・・・・・・・・・・・・・・・・ 6
実証研究・・・・・・・・・・・・・・・・・・・・・ 51
実証主義による事例研究・・・・・・・・・ 75
実態把握・・・・・・・・・・・・・・・・・・・・ 101
実抜計画・・・・・・・・・・・・・・・・・・・・・・ 7
私的整理・・・・・・・・・・・・・・・・・・・ 5, 30
私的整理に関するガイドライン・・・・・ 5
支配者・・・・・・・・・・・・・・・・・・・・・・ 52
支配的戦略・・・・・・・・・・・・・・・・・・ 52
社会経済プロセス・・・・・・・・・・・・・ 195
社会構築主義・・・・・・・・・・・・・・・・・ 75
条件変更・・・・・・・・・・・・・・・・・・・・・・ 7
情報管理手法・・・・・・・・・・・・・・・・・ 51

触媒の役割・・・・・・・・・・・・・・・・・・・ 65
進化論的アプローチ・・・・・・・・・・・・ 48
深層的信頼・・・・・・・・・・・・・・・・・・・ 60
信憑性・・・・・・・・・・・・・・・・・・・・・・ 79
信用保証協会・・・・・・・・・・・・・・・・ 174
信用リスク・・・・・・・・・・・・・・・・・・・・ 4
信頼の再構築・・・・・・・・・・・・・・・・・・ 2
スタートアップ企業・・・・・・・・・・・・ 23
政治プロセス・・・・・・・・・・・・・・・・ 195
正常先・・・・・・・・・・・・・・・・・・・・・・・ 6
整理回収機構・・・・・・・・・・・・・・・・・・ 5
税理士・・・・・・・・・・・・・・・・・・・・・・ 10
責任会計・・・・・・・・・・・・・・・・・・・・・ 56
セグメント別損益計算・・・・・・・・・・ 28
善意による信頼・・・・・・・・・・・・・・・ 58
潜在的な能力に対する信頼・・・・・ 98, 100
全社的活動・・・・・・・・・・・・・・・・・・・ 28
選択と集中・・・・・・・・・・・・・・・・ 12, 13
戦略計画・・・・・・・・・・・・・・・・・・・・・・ 7
戦略計画担当者・・・・・・・・・・・・・・・ 65
戦略的提携・・・・・・・・・・・・・・・・・・・ 51
戦略的ポジショニング・・・・・・・・・・ 52
戦略内容アプローチ・・・・・・・・・・・・ 36
戦略の発見者の役割・・・・・・・・・・・ 65
戦略プロセスアプローチ・・・・・・・・ 36
総所有コスト・・・・・・・・・・・・・・・・・ 51
双方向コントロール・・・・・・・・・・・・ 38
組織間関係・・・・・・・・・・・・・・・・・・・ 23
組織間管理会計・・・・・・・・・・・・・・・ 28
組織間コストマネジメント・・・・・・ 51
組織間コラボレーションによる計画策定
・・・・・・・・・・・・・・・・・・・・・・・・・・・・ 64
組織生態学・・・・・・・・・・・・・・・・・・・ 52
組織ライフサイクル・・・・・・・・・・・・ 36
組織ライフサイクル・アプローチ・・・ 48

[た行]

第2会社方式・・・・・・・・・・・・・・・・・ 90
高い実行意欲・・・・・・・・・・・・・・・・ 123
妥当性・・・・・・・・・・・・・・・・・・・・・・ 79
短期経営計画・・・・・・・・・・・・・・・・・ 21
地域金融機関・・・・・・・・・・・・・・・・・ 53

地域経済··26
地域経済活性化支援機構····························5
中小企業··2, 30
中小企業金融円滑化法································5
中小企業経営力強化支援法························6
中小企業再生支援協議会····························2
中小企業診断士··9
中・長期経営計画····································21
デット・エクイティ・スワップ··············90
デット・デット・スワップ·······················90
統合情報システム····································51
倒産···7, 29
倒産実績率···3
投資意思決定会計····································24
統治メカニズム·······································27
トライアンギュレーション······················75
取引コストの経済学································58
丼勘定··92

[な行]

内部環境··21
ニッチ··52
ニッチ戦略···52
能力に対する信頼····································58

[は行]

廃業率··4
バイヤー・サプライヤー·························23
破綻懸念先···6
破綻先··6
バブル型破綻··10
バリューチェーン会計····························51
ハンズオン経営······································63
非公式コントロール·························21, 32
非財務尺度···51
ビジネス・エコシステム····················2, 52

ビジネス・マッチング機能·····················53
表層的信頼···60
フィールドスタディ·······························26
不確実性··58
不況型破綻···11
不良債権··6
分析者の役割···65
弁護士··10
ベンチャーキャピタル····························47
法的整理··5, 30
飽和状態··77

[ま行]

マネジメント・コントロール・システム
···21
民事再生法···5
夢想的な経営者の将来願望··················116
メインバンク···23
もっともらしさ·····································80
モニタリング···11

[や行]

約束遵守の信頼······································58
要管理先··6
要注意先··6
予算管理··13
予示問題··78

[ら行]

リスケジューリング·······························64
リレーションシップ・バンキング··········30
リレーションシップ・バンキングモデル
···4
理論的サンプリング································26
理論発見型の研究···································76

【著者紹介】

吉川　晃史（よしかわ　こうじ）

熊本学園大学大学院准教授　博士（経済学），公認会計士・税理士

1979年	大阪府大阪市に生まれる。
2003年	京都大学経済学部卒業
2005年	京都大学大学院経済学研究科修士課程修了
2005年	あずさ監査法人大阪事務所入所
2011年	京都大学大学院博士後期課程学修認定退学
2011年	熊本学園大学商学部助教
2012年	熊本学園大学大学院専任講師
2014年	熊本学園大学大学院准教授，現在に至る。

〈主要業績〉

［単著］

「企業再生計画の策定における現実的な将来願望への誘導: 地域金融機関と顧客の相互作用を通じて」『原価計算研究』第36巻第2号，2012年，82-92頁。

「金融機関・会計専門家の戦略計画担当者としての役割：企業再生計画の修正を通じて」『原価計算研究』第37巻第2号，2013年，160-169頁。

［共著］

「日本電産株式会社の経営改革と管理会計—知識創造理論の視点から—」『管理会計学』第21巻第2号，2013年，41-60頁。日本管理会計学会2013年学会賞受賞（論文賞）。

メルコ学術振興財団研究叢書8

企業再生と管理会計 —ビジネス・エコシステムからみた経験的研究—

2015年3月1日　第1版第1刷発行

著者　吉　川　晃　史
発行者　山　本　憲　央
発行所　㈱中央経済社

〒101-0051　東京都千代田区神田神保町1-31-2
電話　03（3293）3371（編集部）
　　　03（3293）3381（営業部）
http://www.chuokeizai.co.jp/
振替口座　00100-8-8432
印刷／三英印刷㈱
製本／誠製本㈱

© 2015
Printed in Japan

＊頁の「欠落」や「順序違い」などがありましたらお取り替えいたしますので小社営業部までご送付ください。（送料小社負担）
ISBN978-4-502-12531-7　C3034

JCOPY〈出版者著作権管理機構委託出版物〉本書を無断で複写複製（コピー）することは，著作権法上の例外を除き，禁じられています。本書をコピーされる場合は事前に出版者著作権管理機構（JCOPY）の許諾を受けてください。
JCOPY〈http://www.jcopy.or.jp　eメール：info@jcopy.or.jp　電話：03-3513-6969〉

メルコ学術振興財団研究叢書

メルコ学術振興財団研究叢書1
戦略をコントロールする──管理会計の可能性
クリストファー・チャップマン［編著］

澤邉紀生・堀井悟志[監訳] 〈A5判・272頁〉

メルコ学術振興財団研究叢書3
分権政治の会計──民主的アカウンタビリティの国際比較
マムード・エザメル／ノエル・ハインドマン／
オーゲ・ヨンセン／アーバイン・ラブスリー［編著］

藤野雅史［訳］ 〈A5判・272頁〉

メルコ学術振興財団研究叢書4
インタンジブルズの管理会計
櫻井通晴［編著］ 〈A5判・312頁〉

メルコ学術振興財団研究叢書5
自律的組織の管理会計──原価企画の進化
諸藤裕美［著］ 〈A5判・412頁〉

メルコ学術振興財団研究叢書6
医療管理会計──医療の質を高める管理会計の構築を目指して
衣笠陽子［著］ 〈A5判・344頁〉

メルコ学術振興財団研究叢書7
管理会計の変革──情報ニーズの拡張による理論と実務の進展
中村博之・高橋賢［編著］ 〈A5判・284頁〉

中央経済社